中等职业教育项目课程改革"十二五"规划教材

金融事务专业

金融行业服务礼仪

李颖 主编

Jinrong Hangye Fuwu Liyi

东北财经大学出版社
Dongbei University of Finance & Economics Press

大连

ⓒ 李 颖 2014

图书在版编目（CIP）数据

金融行业服务礼仪／李颖主编．—大连：东北财经大学出版社，2014.1
（2014.9 重印）
（中等职业教育项目课程改革"十二五"规划教材·金融事务专业）
ISBN 978-7-5654-1385-8

Ⅰ．金… Ⅱ．李… Ⅲ．金融–商业服务–礼仪–中等专业学校–教材
Ⅳ．F830

中国版本图书馆 CIP 数据核字（2013）第 291074 号

东北财经大学出版社出版
（大连市黑石礁尖山街 217 号　邮政编码　116025）
教学支持：（0411）84710309
营 销 部：（0411）84710711
总 编 室：（0411）84710523
网　　址：http://www.dufep.cn
读者信箱：dufep@dufe.edu.cn

大连力佳印务有限公司印刷　　　　　东北财经大学出版社发行

幅面尺寸：185mm×260mm	字数：224 千字	印张：10 1/4
2014 年 1 月第 1 版		2014 年 9 月第 2 次印刷
责任编辑：郭海雷		责任校对：赵　楠
封面设计：冀贵收		版式设计：钟福建

ISBN 978-7-5654-1385-8
定价：20.00 元

前　言

近几年来，金融业的服务理念正在从单纯地经营金融产品向维护和加深与顾客的联系转变。面对日趋激烈的竞争环境，能否在竞争中保持优势地位，独树一帜，并且不断发展壮大，关键在于能否树立良好的品牌形象，为客户提供优质高效的服务，并不断地打造优秀的服务品牌。而金融行业服务礼仪是金融行业展示给公众的"第一印象"，是树立良好品牌形象的关键。这就要求金融行业工作人员不但要具备精深的专业水平和娴熟的业务技能，更要了解、掌握和自觉地遵守金融行业服务礼仪的技巧和规范。因此，为了与就业有效衔接，培养学生的职业基本素养，职业教育的教学内容必须进行相应调整和补充，开设相应的服务礼仪课程来满足新时期的岗位需要，为金融业培养出高素质的员工。

通过深入到有关金融企业进行调研，并结合不同岗位的行业专家的意见，我们编写了本书。本书的编写主旨在于力图献给读者最新的行业服务礼仪的相关知识，围绕金融行业相关的职业岗位从业所必需的基础知识和专业技能，向读者全面展现金融行业服务礼仪、服务技巧、服务规范等方面内容。本书既可作为一般中等职业学校职业礼仪教育的教材，也可作为金融行业员工了解和掌握金融行业服务礼仪知识、提高素质、加强修养的参考资料。

本书分为金融行业礼仪修养概述、金融行业员工的职业意识、金融行业职业形象礼仪、金融行业公务礼仪、银行服务岗位礼仪、金融行业营销服务礼仪六章。在各章正文中，我们设计了"案例分析"、"知识链接"、"思考与训练"等栏目，可以帮助读者更好地掌握金融行业服务礼仪知识及其在实践中的应用技巧。

本书由沈阳现代制造服务学校李颖担任主编。参编人员包括：王伟韦、卜睿、卢崇娇、孙亚亮，全书由李颖总纂定稿。

在本书编写过程中，我们参考了大量的文献资料以及许多同行的研究成果，限于篇幅，未能一一罗列，在此向他们表示感谢。由于编者水平所限，加之时间仓促，书中不足之处在所难免，敬请各位专家和读者批评指正。

编　者
2013 年 12 月

目　录

第一章

金融行业礼仪修养概述

学习目标

通过本章学习，你应该：
1. 了解金融服务的内涵、特点与价值；
2. 了解金融礼仪修养的含义以及培养金融行业员工的礼仪修养的重要意义；
3. 掌握金融礼仪修养的主要内容。

导言

有"礼"走遍天下，礼仪已成为个人立身处世、企业谋生求存的重要基石。当今的金融市场已经形成了多元化的竞争架构，金融业面临的竞争愈发激烈。在金融业务高度同质化的今天，能够在竞争中求生存、谋发展，关键在于具有良好形象和优质高效的服务，不断打造优秀的服务品质，凸显自己的"比较优势"。金融行业服务是建立在规范的职业礼仪基础之上的，优秀的服务品质主要取决于文明的金融行业服务礼仪、健全的服务功能、准确快捷的服务效率和优美舒适的服务环境等。良好的金融行业服务礼仪是金融行业展示给顾客的"第一印象"，能够提升金融行业的服务形象，从而在金融市场中展现自己的独特魅力和竞争力。

第一节　金融行业服务的特点

以客户为中心，以创新为动力，以卓越为目标，以员工为根本。

——上海浦东发展银行的企业文化理念

一、金融行业概述

金融是货币流通和信用活动以及与之相联系的经济活动的总称。广义的金融泛指一切与信用货币的发行、保管、兑换、结算、融通有关的经济活动，甚至包括金银的买卖；狭义的金融专指信用货币的融通。

从事金融活动的机构不仅包括银行、信托投资公司、保险公司、证券公司和基金管理公司，还包括信用合作社、财务公司、金融资产管理公司、邮政储蓄机构和金融租赁公司，以及证券、金银、外汇交易所等。

金融职业是金融机构从业者利用专门的知识和技能，为社会创造物质财富和精神财富，获取合理报酬作为物质生活来源，并满足精神需求的工作。

我国金融行业的全面开放以及外资的全面进入，对国内的金融行业来说既是挑战，也是机遇。中国金融行业要在短时间内完成转型，建立起符合国际化的经营模式，缩小同国外金融业的差距，提升自身的服务质量才是根本出路。

服务质量直接影响着顾客满意度和顾客忠诚度，进而影响到企业利润。高品质的服务，能够提高顾客满意度和忠诚度，降低顾客流失率，并形成良好的口碑，最终为企业带来利润增长。因此，提高服务质量是金融服务管理的核心工作。进一步来说，掌握金融服务的特点、明确高品质服务的价值是十分必要的。

二、金融服务的分类、特点及价值

金融服务，是指金融机构运用货币交易手段融通有价物品，向金融活动参与者和顾客提供共同受益并使其获得满足的活动。金融服务的提供者除了银行、保险公司外，还包括各类信托机构、证券公司等。从本质上来讲，金融机构提供的产品就是服务。

1. 金融服务的分类

一般情况下，金融机构主要提供以下几类服务：

（1）存、取现金服务。这是银行为客户提供的最常见的服务业务。

（2）资金安全性服务。资金安全性服务如保管箱、中远期外汇结算等安全的货币存取业务。

（3）货币转移服务。货币转移服务如结算、支付、薪金代发等业务。

（4）授信、延期支付服务。它包括贷款、承兑、担保等业务。

（5）金融顾问、代客理财服务。这是一个正处于快速发展中的银行服务领域，主要以提供金融智力、技术服务为主。

（6）投资、证券、保险业务。这些是当前金融行业的主要服务业务类型，大家都比较熟悉。

时至今日，金融业已经发展成为服务行业中一个非常重要的组成部分。无论银行，还是保险公司，抑或只是基金公司，它们所提供的都不只是单纯的金融产品。金融服务的质量，早已成为金融机构吸引客户的关键要素。因此，为顾客提供满意的服务体验，已经成为金融机构所追求的更高目标。

2. 金融服务的主要特点

（1）无形性。服务与有形的商品最根本的不同，在于服务的无形性。有形的商品是所谓的"一个物体，一台设备，一个东西"，而服务则是"一种行为，一种性能，一种努力"。服务不能被直接接触或者品尝，而有形的商品则可以。如前往银行办理资金结算业务的顾客，只有到服务结束才能完全感知服务质量。

（2）不可分割性。金融服务的不可分割性，即顾客服务消费与金融机构服务生产的不可分割性。只有顾客亲自到服务场所或金融机构员工到顾客家中与顾客接触，顾客才能接受与体验服务，生产与消费基本上是同时进行的。如办理现金存款业务的顾客，需要把现金带到营业网点并按规定填写存款凭条，工作人员经过清点现金、审核单据、签发存单等程序后将存单交给顾客，整个服务过程才结束。

（3）差异性。金融服务差异性，是指金融服务质量具有不稳定性和变化性。不同的金融机构工作人员给顾客提供的服务不尽相同，不同顾客对同一工作人员提供的服务也具有不同的感知。这导致了两个后果，从金融机构的角度来看，它提出了如何处理非标准化的问题；从客户的角度来看，它增加了购买金融产品的不确定性。

（4）易逝性。金融服务的易逝性，是指金融服务在空间上不能被转移，在时间上不能被储存，顾客购买后一般不能退换。金融服务能力不能储存，并且在空间上转移也较为困难。

（5）互动性。金融服务不仅是一次性的买卖，而且是在长时间内一系列的双向交易，它具有互动性，如对账、处理账务、拜访分支机构、使用自动提款机等业务。这种互动的交流方式使金融机构能够收集到关于客户账户余额、账户使用、储蓄和贷款行为、信用卡购买、储蓄频率等有价值的信息。

3. 金融服务的价值

具体来说，高品质的金融服务能够为金融机构带来以下价值。

（1）降低金融服务的成本。对金融机构来说，高品质的金融服务可以减少重复性工作，降低服务失败的补偿损失，从而降低经营成本。

（2）带来丰厚的利润。高品质的金融服务能够有效满足顾客需求并形成顾客忠诚，而顾客忠诚则与企业利润息息相关。

（3）赢得顾客的良好口碑。金融机构可以通过提高服务质量和塑造良好形象，来赢得顾客的良好口碑。而金融业务缺乏搜寻特性，顾客在选择金融机构时一般更相信口碑，从而能够为金融业带来更多新顾客。

（4）提升员工与客户满意度。没有满意的员工，就没有满意的客户；为客户提供高品质的金融服务，能为员工带来精神、物质上的双重收获。由此可见，员工的满意度很大程度上决定了客户的满意度，而客户的满意度又影响着员工的满意度，两者息息相关。

知识链接 1-1

国外金融业的服务特点

1. 强调"以客户为中心"的服务理念

以美国的花旗银行为例，特别是20世纪70年代以前，花旗银行注重的是发展而不是服务。但随着金融业竞争的日益激烈，花旗银行转而把服务于客户作为自己的中心战略，强调银行的运作应以客户为中心。

2. 注重个性化服务，提倡差异化服务

外资金融机构的服务都非常个性化，可以根据客户的具体要求或不同情况提供相应的服务项目。如汇丰银行的同一项业务，就有不同的品种提供给客户选择，如理财项目有"运筹理财"、"卓越理财"、"万用理财"、"商业理财"等。银行工作人员在详细了解客户的愿望和需求之后，会向客户推荐最合适的服务，也可以特别制订相关的投资、基金、外汇买卖等方面的理财方案，使每一个客户都能在金融机构得到贴心的个性化服务。此外，外资金融机构通过客户信息管理系统对客户产生的效益进行分析，鉴别客户的价值，确定重点服务的客户群体，对不同的客户实行差异化服务。

3. 大量采用自助式服务，提供全天候、全方位服务

由于外资金融机构普遍应用先进的电子和网络技术，大量采用电脑设备和自助终端，如 ATM 机、电话银行、网上银行等。外资金融机构不但在正常营业时间提供服务，还能在不同时间、不同地点为客户提供金融服务。如客户通过 24 小时保管箱、电话银行、网上银行、移动电话银行等就能办理大部分金融业务，享受金融服务不再局限于银行网点，基本上实现了全天候、全方位的服务覆盖。

4. 完美的"一站式"服务

客户到外资金融机构办理业务，都能享受到"一站式"金融服务。如汇丰银行和花旗银行的许多分行都是敞开式办公，客户一进入银行，便有银行职员主动迎上前来，询问是否需要服务，将客户迎到自己的办公台前。客户只需把自己的需求告诉职员，便可以在座位上等候，其他事项不管涉及多少部门都由职员负责处理，使客户享受到优越尊贵和便利的服务。

5. 品种繁多的优惠服务

外资金融机构会根据客户对机构的贡献度大小，提供各种各样的优惠服务，以此吸引并留住客户，包括利率优惠、服务费用优惠、赠送礼品、减免年费、特约商户打折等。

? 思考与训练 1-1

同学们，在日常的生活中，你一定有过到银行办理存取款业务的经历，谈一谈或者评价一下，该银行的服务是否让你满意？

第二节　金融礼仪修养

国尚礼则国昌，家尚礼则家大，身尚礼则身修，心尚礼则心泰。

——颜元

一、金融礼仪修养的含义

所谓礼仪修养，主要是指人们为了达到一定的社交目的，按照一定的礼仪规范要求并结合自己的实际情况，在礼仪品质、意识等方面所进行的自我锻炼和自我改造。

金融礼仪修养是金融行业员工为了实现组织目标，按照一定的礼仪规范要求，结合金融行业特性，在礼仪品质、意识等方面所进行的自我锻炼和自我改造。

二、培养金融行业员工的礼仪修养的重要意义

金融行业是现代社会的一个重要组成部分，是传播文明的重要窗口之一，加强金融行业员工的礼仪修养，主要有以下几个方面的意义：

1. 有利于建设和谐社会

金融行业服务范围广泛，员工的风貌直接影响社会公众对企业的整体印象和评价。讲究金融礼仪，对于社会主义精神文明建设及和谐社会的构建将产生积极的作用。

2. 有利于提高员工的整体素质

要做好金融工作，关键是要有一支思想素质和业务素质较高的员工队伍。讲究金融礼

仪，不仅能促进员工文明素质的提高，也是形成一个有凝聚力的企业文化环境的重要途径。

3. 有利于提高金融行业的核心竞争力

在金融产品同质化的今天，金融行业的竞争日益激烈，客观上要求金融行业必须在开拓新业务的同时，更要重视服务水平的提高，以高质量的服务赢得顾客。每一个工作人员的仪表风度、言谈举止，都在公众中塑造着所在金融实体的整体形象，反映了金融行业的服务水平。因此，讲究金融礼仪修养及规范，是增强金融行业核心竞争力的重要内容。

三、金融礼仪修养的主要内容

1. 主动服务

所谓主动服务，就是要服务在客户开口之前。主动服务表现了金融行业功能的齐全与发挥，主动服务也意味着要有更强烈的情感投入。员工们只有把自己的情感投入到一招一式、一人一事的服务中去，主动招呼，设身处地为客户着想，尽心尽职地把工作做好，主动改进工作，不断提高服务质量，做到"来有迎声、问有答声、走有送声"，才能使自己的服务更具有人情味，让客户倍感亲切，从中体会到金融行业的服务水准。

2. 热情服务

所谓热情服务，是指员工出于对自己从事职业的明确认识，对客户的心理有深刻的理解，因而富有同情心，发自内心地、满腔热情地向客户提供的良好服务。服务中多表现为满腔热情、感情真挚、动作迅速、笑脸相迎、待客如宾。

3. 周到服务

所谓周到服务，是指在服务内容和项目上，做到细致入微，处处方便客户、体贴客户，千方百计帮助客户排忧解难。这些服务是实质性的，是客户能直接享受到的。周到服务还体现在不但能做到、做好共性规范服务，还能做到、做好特色服务。

周到服务还要求有更为灵活的服务。金融行业的服务对象是千差万别的活生生的人，一流的服务应是在规范的基础上创造性地、灵活地处置各种情况，尽量满足客户的各种需求，从而在客户心目中留下深刻的印象。

周到服务还要求有更具体、更细致的服务。如客户到银行办事，寻求的不只是办理业务本身，更重要的是享受到银行优雅的环境、周到的服务。这就要求银行能从客户的角度出发考虑问题，根据他们的不同需求提供有针对性的服务。真正做到满足客户的内在要求，才能体现出一家银行的服务水准。

4. 仪表端庄

金融行业员工仪表总体要求可概括为 48 个字：容貌端正，举止大方；端庄稳重，不卑不亢；态度和蔼，待人诚恳；服饰庄重，整洁挺括；打扮得体，淡妆素抹；训练有素，言行恰当。仪表端庄不仅体现了员工本人内在的修养和气质，也体现了金融行业文明、安全、值得信赖的整体形象，同时也体现了对客户的尊重。

5. 待人礼貌

银行的柜面服务礼仪首先要求职员要待人礼貌，这主要强调职员在行为举止上要体现出"四心"，即诚心、热心、细心和耐心。

诚心，就是要诚恳待人，想客户所想，急客户所急，虚心听取意见，不断改进工作。客户到金融相关部门办理业务，除了希望能听到文明亲切的语言，受到热情周到的接待以外，更希望能迅速、准确地办好业务。所以，我们提倡"微笑服务"的同时提倡"效率服务"，准确快捷地办好业务，缩短客户等候时间，这就体现在一个"诚"字。

热心，就是需要发扬"一团火"的精神，主动热情地为客户服务。金融行业开办的业务种类繁多，特点各异，应根据客户的具体情况，主动热情地进行介绍，当好客户的参谋。热心也体现在对待客户的一视同仁上，不管遇到的是生人还是熟人，都应该一样亲切，不管是存款还是取款，或是金额的大与小，都应该一样热情、一样欢迎。

细心，就是要在细微处见精神，处处体现周到、细致、关心、方便。比如为客户提供纸笔、墨水、印泥、老花镜等一些服务用具，发现储户的存折破损应主动粘贴或更换等。另外，柜员在细心办理业务时，还应该有足够的警惕性及辨别假币、假票据的能力，防止金融诈骗活动的发生，保证银行资产的安全。

耐心，是指办理业务不怕麻烦，认真执行规章制度做好解释工作。金融行业业务种类和服务项目繁多，服务对象广泛，在柜面服务时也会遇到很多复杂情况，对有不同要求的客户，应诚恳热情、耐心细致地满足其合理要求。

6. 语言文明

金融各行业服务应该讲究语言艺术，做到亲切、准确、得体。亲切，就是和颜悦色、诚挚热情，使用好"十字"文明用语（请、您好、谢谢、对不起、再见）。提倡尊称不离口，"请"字在前头。以微笑和亲切的语言铺设金融行业和客户之间感情的桥梁。准确，就是要口齿清楚，语言表达既通俗易懂，又合乎规范，对客户不应使用银行内部术语。得体，就要根据不同的对象和不同的场合，采取恰当的表达方式。比如针对不同的对象采用相应的尊称，对某些比较敏感的问题更要注意分寸。

知识链接 1-2

礼仪文化的由来

我国素有"礼仪之邦"的美誉，礼仪文化源远流长。"礼"最早出现在金文里面。在人类发展的最初期，人们对火山、地震、电闪雷鸣等自然现象无法解释，认为天地间有神的力量，有鬼的存在。对天地鬼神的惧怕、敬仰，人们就会举行一些形式，用物品来祭拜，从"礼"字的繁体"禮"就可以看出。北京的"天坛"、"地坛"就是古代国君用来祭天祭地的建筑。这样就出现了礼的萌芽。

到了周朝，周武王的弟弟周公旦，应是制礼第一人。春秋末年，孔子的出现奠定了儒家学说在传统礼仪文化中的核心地位，其核心思想"仁爱及人"一直影响至今。《周礼》、《礼记》、《仪礼》三部典籍的问世，更全面直观地阐述了传统礼仪文化的内容。

到了封建社会，"礼"渐渐被转为礼制，成为了统治阶级用来维护自身利益和地位的工具。如叔孙通为汉朝开国皇帝刘邦"朝仪制礼"、董仲舒的"三纲五常"等。

民国时期，孙中山先生提出了"四维八德"。"四维"就是"礼、义、廉、耻"；"八德"就是"忠、孝、仁、爱、信、义、和、平"。

新中国的"五讲四美三热爱"——五讲："讲文明、讲礼貌、讲卫生、讲秩序、讲道德"；四美："心灵美、语言美、行为美、环境美"；三热爱："热爱祖国、热爱社会主义、热爱中国共产党"。

随着我国社会物质文明和精神文明的不断发展，人们产生崇尚礼仪、崇尚文明的意愿越来越强烈。改革开放以来，我国同国际社会交往愈加频繁，学习礼仪文化知识，不仅体现了自身礼仪修养，更重要的是展现我国国格，展现我国"礼仪之邦"文明友好的形象。

❓ 思考与训练 1-2

讨论：金融行业员工讲究礼仪修养具体应体现在哪些方面？

◉　本章小结　◉

通过本章的学习，我们理解了金融行业服务的内涵、特点和价值，学习了培养金融行业员工的礼仪修养的重要意义和主要内容，懂得了礼仪修养是一个从认识到实践的不断反复过程，通过反复，不断提高。而金融行业的员工要想使自己成为一个知礼、守礼、行礼的人，就必须把对礼仪的认识运用到工作实践中去，并注意运用所学知识搞好金融服务和社交活动。同时，对自己的行动再进行反省，并把从反省中得出的新认识再贯彻到行动中去，如此不断循环，从而达到提高礼仪修养的目的。

金融行业服务礼仪在金融服务中的作用是不可替代的，优质的金融服务始于得体的金融行业服务礼仪。

◉　本章复习题　◉

一、简答题

1. 金融服务的内涵是什么？
2. 金融服务的价值是什么？
3. 如何理解金融礼仪修养的含义？
4. 如何理解培养金融行业员工的礼仪修养的重要意义？
5. 金融礼仪修养的主要内容有哪些？

二、实训题

为了让金融专业的学生更好地理解行业服务礼仪在银行业务工作中的体现和应用，组织学生进行校外银行实际场景观摩。

［实训要求］

1. 到沈阳市广发银行某支行营业大厅现场观摩，每组6人。
2. 对银行不同岗位进行录像。
3. 回校后，进行分组讨论，进一步了解行业服务礼仪在金融行业中的重要意义。

［实训提示］

1. 注意观摩时的纪律。
2. 仔细观察银行各岗位员工的工作程序及服务礼仪。

第二章

金融行业员工的职业意识

学习目标

通过本章学习，你应该：

1. 理解金融行业从业者的诚信意识、团队意识、责任意识、质量意识、遵从意识、服务意识、创新意识的内涵；

2. 掌握如何培养金融行业从业者的职业意识的要领。

导言

职业意识是人们对职业劳动的认识、评价、情感和态度等心理成分的综合反映，是职业道德、职业操守、职业行为等职业要素的总和。职业意识是支配和调控全部职业行为和职业活动的调节器，它既影响个人的就业和择业方向，又影响整个社会的就业状况。具体表现为：工作积极认真，有责任感，具有基本的职业道德。它包括诚信意识、团队意识、责任意识、质量意识、遵从意识、服务意识和创新意识等方面。

第一节　诚信意识

诚者，天之道也；思诚者，人之道也。

——孟子

一、诚信的含义

诚信是什么？诚，即真诚、诚实；信，即守承诺、讲信用。诚信的基本含义是守诺、践约、无欺。通俗地表述，诚信就是说老实话、办老实事、做老实人。人生活在社会中，总要与他人和社会发生关系。处理这种关系必须遵从一定的规则，有章必循，有诺必践；否则，个人就会失去立身之本，社会就会失去运行之规。哲人的"人而无信，不知其可也"，诗人的"三杯吐然诺，五岳倒为轻"，民间的"一言既出，驷马难追"，都极言诚信的重要。几千年来，"一诺千金"的佳话不绝于史，广为流传。诚信是公民道德的一个基本规范，诚实守信是中华民族的传统美德。

二、诚信的本质

对于诚信的本质，要从以下几个方面来把握：

首先，诚信是一种人们在立身处世、待人接物和生活实践中必须而且应当具有的真诚无欺、实事求是的态度和信守承诺的行为品质。诚信之诚是诚心诚意，忠诚；诚信之信是说话算数和信守承诺，它们都是现代人必须而且应当具备的基本素质和品格。在市场经济的条件下，人们只有树立起真诚守信的道德品质，才能适应社会生活的要求，并实现自己的人生价值。

其次，诚信是一种社会的道德原则和规范，它要求人们以求真务实的原则指导自己的行动，以知行合一的态度对待各项工作。在现代社会中，诚信不仅指公民和法人之间的商业诚信，而且也包括建立在社会公正基础上的社会公共诚信，如制度诚信、国家诚信、政府诚信、企业诚信和组织诚信等。也就是说，任何政府和制度都要按照诚信的原则来组织和建构，亦需按照诚信的原则行使其职权。一旦背离了诚信的原则和精神，政府就会失信于民，制度就会成为不合理的包袱。

再次，诚信是个人与社会、心理和行为的辩证统一。如果说"诚"强调的是个人内心信念的真诚，是一种品行和美德，那么"信"则是"诚"这种内在品德的外在化显现，是一种责任和规范。在中国历史上，就有"诚于中而信于外"的说法。诚信不仅是一种美德，是人们应当具有的一种信念，而且也是一种道德手段，是人们应当承担的一种社会责任和谋取利益、实现利益的方式。

总之，诚信是一切道德的根基和本源。它不仅是一种个人的美德和品质，而且是一种社会的道德原则和规范；它不仅是一种内在的精神和价值，而且也是一种外在的声誉和资源。诚信是道义的化身，同时也是功利的保证或源泉。诚信意识是金融行业从业者应具备的基本素质，也是最重要的品德之一。

【案例2-1】

丽丽从某中专会计专业毕业后，就职于某基金管理公司担任助理会计。因其工作努力，爱钻研业务，积极提出合理化建议，工作一年后就被公司评为先进工作者。其男友在另一家基金管理公司任总经理。在其男友的多次请求下，丽丽把在工作中接触到的公司相关会计资料复印件提供给其男友，给公司造成了一定的损失。公司认为丽丽不适宜继续担任会计工作。

案例分析：在以上的案例中，丽丽违反了"诚实守信"、"廉洁自律"的会计职业道德要求。在会计职业中，诚实守信是指应当做老实人、说老实话、办老实事，执业谨慎，信誉至上，不为利益所诱惑，不弄虚作假，不泄露秘密；廉洁自律是指会计人员应当公私分明、不贪不占、遵纪守法、尽职尽责。丽丽把在工作中接触到的公司相关会计资料复印件提供给在一家基金管理公司任总经理的男友，这是因情感和利益诱惑等因素，违背了诚实守信、廉洁自律的会计职业道德要求。

三、讲究诚信的意义

诚信作为基本的职业要求，意思是诚实守信，有信无欺。在经济生活中，存在的欺诈经营、贪污受贿、浮夸虚报等都是欺骗和弄虚作假的一些不诚实守信的现象。当今社会，培养诚信意识已经成为全民共同关注和讨论的话题。而无论从事哪个行业的工作，都会把诚实守信作为一个人最起码的品质素养之一。

如果缺少这种意识，一个人很难做好工作并从这份工作中得到成就感和自尊感。如果一个人为了自己的利益，不惜损害公司和同事的利益，其职业道路必然会越走越窄。因此，要想在职业生涯中赢得更多的帮助和欢迎，就要做到正直和诚信，增加对他人、企业和社会的责任感。例如安然公司虚报公司利润，最后倒闭，造成了多家银行的巨额损失，也让股民在欺骗中遭受损失。作为金融行业从业者，在工作中离不开与他人的交往，在交往中，相互信任是人们相处的基础。失去了"诚实守信"，也就失去了交往的基础；讲究诚信，便使我们具备了交往中的起码条件。诚实守信对于我们每个人都很重要，尤其针对信托行业中的"民事信托"，委托者是找自己信任的亲密朋友或律师担任受托者。在一个成熟的市场经济条件下，没有诚信就没有生存和发展，而具备良好的诚信意识则是每个人特别是金融行业人员在职业环境里的"通行证"。

职场如战场，在金融职场上长久地屹立不倒的一定是那些既有真才实学，又有良好职业信用的人。在职业频繁更换的今天，诚实守信对每一个人来说已经变得越来越重要，它是我们职业生涯中取之不尽、用之不竭的资源。因此，每个人都应该珍惜自己的职业信用，为自己的职业生涯铺一条阳光大道。

知识链接2-1

为什么要讲诚信?

1. 诚信是创业的根基
- 企业在创办之初，就应当恪守诚信，决不妥协!
- 诚信让企业站稳脚跟。
- 诚信是企业生存和发展的基础。

2. 诚信是获得贷款的前提
银行和借款人只有在双方诚实守信的基础上才能促成成功的合作。

3. 诚信是合作的基础
良好的合作是诚信的另一种表现形式!

4. 诚信是正当竞争的守则
- 诚信既是企业最重要的市场游戏规则，又是最好的竞争手段。
- 本着诚信原则的正当竞争是企业在市场中立足的根本。

5. 诚信是维护客户的必备条件
- 以诚取信，以信待客!
- 诚招天下客，誉从信中来!
- 诚信赢得顾客心!
- 诚信是万利之本!

6. 诚信是商誉，能给企业带来长期利益
- 诚信是一笔财富!
- 诚信无价!

7. 社会信用体系建设启动后，失信会受到惩罚
- 一处失信，处处制约；事事守信，路路畅通!
- 失信等于自杀!

8. 政府职能部门对企业划分信用等级并分类管理
- 建立纳税信誉等级评定制度。
- 实行企业信用等级分类监管。
- 建立企业质量信用档案。

? 思考与训练 2-1

同学们，在与人交往中，你有过失信于人的经历吗？反思一下，这样的经历给你造成了怎样的后果？

第二节 团队意识

一滴水只有放进大海里才永远不会干涸，一个人只有当他把自己和集体事业融合在一起的时候才能最有力量。

—— 雷锋

一、团队意识的含义

团队意识是具有集体意识和协调合作能力的一种综合表现。具体体现在一个金融团体为了一个统一的目标，大家自觉地认同必须负担的责任和愿意为此而共同奉献。例如，为一个大客户实现效益最大化的投资，需要一个团体对国际汇率等各方面进行计算，最后得出最终方案，我们一般也将这种行为称为"team-work"。每个个体在被尊重的氛围中，上下齐心，团结合作，为了团队的利益而追求卓越。

团队意识包括两个方面的含义：一是集体意识。自己与同事共同构成的是一个为了公司或者单位利益而共同努力的集体，有共同的目标，根本利益是一致的。二是合作能力。将集体意识深入发展、应用到实际工作中就表现为合作能力。金融企业有了团队精神就是拥有了核心竞争力，团队精神是企业和个人成功的保证。

【案例 2-2】

曾经发生过这样一件事情：一家投资公司为了投标，由几个技术部门组成了一个临时的团队。由于组织协调不好，各个部门只按时完成了各自的任务，没有人做综合的技术评估。其中，技术部的工作比较出色，在得知没有中标的情况后与其他部门发生了争执。技术部的负责人认为，他们尽了最大的努力，没有中标是其他部门的问题，而其他部门也相互推卸责任，都认为这次投标失败与自己无关。

案例分析：面对失败，一味地互相推卸责任是有百害而无一利的，而且会使整个团队无法从失败中汲取经验教训，不利于未来的工作开展。对于从事金融业务的人来说，重要的是正视自身，善于取长补短，提高自身素质，满足现代企业发展的要求。在现代金融行业日新月异的发展时期，时间就是生命。一个金融企业的完美服务或工作都来自于协作精神，而一个企业或组织经久不衰的秘密就是团队的凝聚力。培养自己的团队精神是适应市场需求的必然要求。

二、团队精神建设的重要性

团队精神的重要性在于：一个伟大的团队远远胜于个人英雄主义，一盘散沙难成大业；团结一心，才能无往而不胜。

1. 团队精神能推动团队运作和发展

在团队精神的作用下，团队成员产生了互相关心、互相帮助的交互行为，显示出关心团队的主人翁责任感，并努力自觉地维护团队的集体荣誉，自觉地以团队的整体声誉为重来约束自己的行为，从而使团队精神成为公司自由而全面发展的动力。

2. 团队精神能够培养团队成员之间的亲和力

一个具有团队精神的团队，能使每个团队成员焕发出高涨的士气，有利于激发成员工作的主动性，由此形成集体意识、共同的价值观、高涨的士气，团队成员才会自愿地将自己的聪明才智贡献给团队，同时也使自己得到更全面的发展。

3. 团队精神有利于提高组织整体效能

通过发扬团队精神，加强团队建设，能进一步减少内耗。如果总是把时间花在怎样界定责任，应该找谁处理，让客户、员工团团转，这样就会减少企业成员的亲和力，损伤企业的凝聚力。

三、团队精神的作用

1. 目标导向功能

团队精神的培养，使企业员工齐心协力，拧成一股绳，朝着一个目标努力。对单个员工来说，团队要达到的目标即是自己所努力的方向，团队整体的目标被分解成各个小目标，在每个员工身上得到落实。

2. 凝聚功能

任何组织群体都需要一种凝聚力，团队精神则通过对群体意识的培养，通过员工在长期的实践中形成的习惯、信仰、动机、兴趣等文化心理，来沟通人们的思想，引导人们产生共同的使命感、归属感和认同感，反过来逐渐强化团队精神，产生一种强大的凝聚力。

3. 激励功能

团队精神要靠员工的自觉行动来维护。通过员工之间正常的竞争可以实现激励功能，而且这种激励不是单纯停留在物质的层面上，还能得到团队的认可，获得团队中其他员工的尊敬。

4. 控制功能

员工的个体行为需要控制，群体行为也需要协调。团队精神所产生的控制功能，就是通过团队内部所形成的一种观念的力量和氛围的影响，去约束、规范、控制职工的个体行为。这种控制不是自上而下的硬性强制力量，而是由硬性控制转向软性内化控制、由控制职工行为转向控制职工的意识、由控制职工的短期行为转向对其价值观和长期目标的控制。因此，这种控制更为持久，更容易深入人心。

四、如何培养团队协作能力

我们可以通过以下几个方面来培养自己的团队协作能力：

第一，善于发现团队中的积极品质。团队中的每一个人都可能是某一个领域的专家，特别是对于金融这个特殊的行业来说，只有与时俱进才能保持自己的优势。然而，每一个成员都有优缺点，因此要善于发现他人的优点、特长，充分发掘别人的优点，回避个人的缺点，形成优势互补，这样才会使团队的整体能力达到最佳。

第二，时常检查自己的缺点，勇于承担责任。面对失败，要认真总结经验教训，从自身查找原因，切不可互相推卸责任。无论别人怎样，都要对自己有一个客观的认识，找到这次失败中属于自己的原因，以便在以后的工作中不重犯同样的错误。个人的聪明才智固然重要，但独木难成林，团队的核心精神就是合作。所以，不要表现得太有个性，这样会影响到整个团队的和谐，更不可以为了自己的私利而弃团队的目标于不顾。

第三，保持足够的谦虚。没有人喜欢骄傲自大的人，这种人尤其不受团队的欢迎，所以你必须保持足够的谦虚。谦虚会让你清醒地看到自己的缺点，从而促使你在团队中不断进取。我们要自信，但不要自傲，更不可自视清高。在一个团队中，大家为着共同的目标而努力，应该都是平等的，对待其他人不可傲慢无礼。

第四，乐于为他人提供支持。每个人的工作都需要他人的支持，所以你也必须给别人提供支持。在一个优秀的团队里，每个成员的关系应该是协作、服务和监督，以及为了更好地实现团队目标而进行的良性竞争。但如果把这种竞争异化为了私利的恶性竞争，那么将导致整个团队的失败。各为己利，团队就是一盘散沙，千万不要因为一己之私而吝啬于支持别人。

第五，要相互信任、谅解，相互沟通，相互关爱，相互尊重。成员之间的相互信任是团队作用充分发挥的一个前提。在合作过程中，每一个人都应该充分地相信别人。给予别人信任，大家一起工作就会更愉快，工作效率自然就会更高。当工作中出现问题或错误的时候，不要过于责怪某一个人，每个人都会犯错误，要给别人改正的机会；要体谅别人，不能过于苛刻，尤其不可以互相埋怨，而应该互相激励。沟通是联络感情、统一思想、明确工作、制订计划、协调工作的重要手段，团队精神强调在沟通了解的基础上去关爱他人、尊重他人。毋庸置疑，关爱和尊重是团队关系的催化剂，它能够激励斗志、促进合作、巩固团结、加深理解，发挥不可或缺的润滑作用。

知识链接 2-2

在职场不可不知道的 10 句话

1. 应答上司交代的工作：我立即去办。
2. 传递坏消息时：我们似乎碰到了一些情况……
3. 体现团队精神：××的主意真不错！
4. 如果你不知道某件事：让我再认真地想一想，中午前答复您好吗？
5. 请同事帮忙：这个策划没有你真不行啊！
6. 拒绝黄段子：这种话好像不适合在办公室讲哦！
7. 减轻工作量：我知道这件事很重要，我们不妨先排一排手头的工作，按时间和重要性排出先后顺序。

8. 承认过失：是我一时疏忽，不过幸好……

9. 打破冷场的话题：我很想知道您对这件事的看法……

10. 面对批评：谢谢你告诉我，我会仔细考虑你的建议的。

？ 思考与训练 2-2

假如毕业后你就职于一家保险公司，你应该怎样融入到你的工作团队中呢？

第三节　责任意识

每一个人都应该有这样的信心：人所能负的责任，我必能负；人所不能负的责任，我亦能负。如此，你才能磨炼自己，求得更高的知识而进入更高的境界。

——林肯

一、责任意识的含义

责任意识，是指自觉地履行岗位职责，按照岗位要求认真落实各项任务。责任意识所涉及的内容非常丰富，在每个行业都是公司对员工的基本素质要求。在金融行业中，我们特别强调责任意识——作为一名银行前台的柜员，如果丧失了责任意识，那么在为客户服务的时候很可能会支付不清，容易造成当天营业额的出入。

责任意识是一种自觉意识，表现得平常而又朴素。责任意识也是一种传统美德。我国自古以来就重视责任意识的培养。"天下兴亡，匹夫有责"，强调的是热爱祖国的责任；"择邻而居"讲述的是孟母历尽艰辛、勇于承担教育子女的责任；"卧冰求鱼"是对晋代王祥恪尽孝道为人子的责任意识的传颂……一个人，只有尽到对父母的责任，才能是好子女；只有尽到对国家的责任，才能是好公民；只有尽到对下属的责任，才能是好领导；只有尽到对学校的责任，才能是好员工。只有每个人都认真地承担起自己应该承担的责任，社会才能和谐运转、持续发展。

责任是使命的召唤，是能力的体现，是制度的执行。只有能够承担责任、善于承担责任、勇于承担责任的人才是可以信赖的人。决定一个人成功的重要因素不是智商、领导力、沟通技巧等，而是责任——一种努力行动，使事情的结果变得更积极的意识。

所谓的责任意识，就是清楚明了地知道什么是责任，并自觉、认真地履行社会职责，参加社会活动过程中把责任转化到行动中去的心理特征。有责任意识，再危险的工作也能减少风险；没有责任意识，再安全的岗位也会出现险情。责任意识强，再大的困难也可以克服；责任意识差，很小的问题也可能酿成大祸。有责任意识的人，受人尊敬，招人喜爱，让人放心。

【案例 2-3】

在东京就有这么一个女孩，她到东京银行做实习生，那是她涉世之初的第一份工作。但万万没有想到，作为高材生的她竟然被上司安排去检验钞票真伪和进行账务核对！上司对她工作质量的要求特别高：必须把 17 家分支银行的账务全部核对一遍！怎么办？是接受这个工作，还是另谋职业？一位前辈看到她的态度很犹豫，就不声不响地为她做了清点的示范。前辈对工作的态度，使她明白了什么是工作，什么是责任心。自此，她勇敢地迈出了职业生涯的第一步，并踏上了成功之路。

案例分析：以上的案例让我们明白：在工作中追求完美，也是一种重要的工作责任意识。负责任还是一种承诺，这种承诺需要付诸行动。敢于实现这种承诺，才是真正走向成熟的表现，才能对自己的工作理想和生活理想负责，才能给人一种可以信任的感觉。责任意识是一个人成就事业的基本保证，也是其造福社会的一项基本前提。一个人要在金融行业工作中立足，干一番事业，就必须具有责任意识。良好的责任心是每个人必须具备的品质。

二、如何做一个有责任意识的金融从业者

做一个有责任意识的金融从业者，至少要做到：认真地履行诺言；坚持高效率地工作；做事主动积极；严格遵守道德规范。另外，培养责任意识还要注意避免使用逃避责任的言辞。通常情况下，几乎每一个人都会用到一些逃避责任的言辞，如"不关我的事"、"反正大家都这么做"等。这些看似无关紧要的话，其实恰恰说明了我们逃避责任的心理。西点军校那一句著名的"没有借口"是我们对于工作态度最好的典范。如果我们能做到不再使用这些言辞，就算没有大喊一句"没有借口"，心里也会有个声音告诉我们，自己应该承担责任而不是推卸责任。我们应该在日常的生活中就树立一种职责意识，只有这样，责任意识才能成为我们身上的一种长久的素质存在，也就能让我们在工作中自然地体现责任感，从而成为一个值得信赖的员工或管理者。而要对工作负责，就要先对自己负责；要对自己负责，就先要学会自制。

知识链接 2-3

责任意识的"7C"准则

Clock：控制自己的时间，是指合理地支配自己的时间，达到最佳利用的效果。可以通过制定时间表格等方式，使时间得到有效利用。

Concepts：控制思想，是指在生活和工作中多吸纳对自己成长有益或开拓创新思想的知识。

Contacts：控制接触的对象，是指了解身边的人，并从他人身上学习优点和长处。

Communication：控制沟通方式，是指在不同的场合与不同身份的人交谈时采取不同的交谈方式，选择相应的交谈内容。

Commitments：控制承诺，是指不可以承诺自己做不到的事情，树立责任形象。

Causes：控制目标，是指确定一个长期的目标，制订相应的计划，并确定优先次序和实现期限。

Concern：控制忧虑，是指不把消极和忧郁的情绪带到工作中，以免影响工作效率。

？ 思考与训练 2-3

观看优酷视频——杨宗华教授的演讲《责任胜于能力》，谈谈自己的感受。参考网址如下：http：//v.youku.com/v_ show/id_ XMTY2MTU1OTM2. html。

第四节　质量意识

质量是维护顾客忠诚的最好保证。

——杰克·韦尔奇

一、质量意识的含义

质量意识，顾名思义，当然是以质量为核心内容，就是指自觉保证工作质量的一种意识。质量这个词包含了数量和程度两层含义，所以保证工作质量就是指按时、优质地完成工作。只有优质的工作才能生产出优质的产品，也才能使个人和公司更有竞争力。我们都知道，质量是金融行业客户所追求的，因而也就成为金融企业生存的基础。金融企业员工的质量意识决定了一个金融企业产品的质量水平，从而决定了企业的生存状况。因此，质量意识是成为一名合格的金融行业从业者的"必修课"之一。

要谈质量，先谈意识。只有树立了质量意识，企业的发展才会有的放矢。社会的各个领域都需要高质量，并且以质为本。这里的质量，既是一种精神、一种哲学，更是一种人生的态度。质量的关键就是人，一个人的命运是由他的品格所决定的，一个企业的命运是由其产品质量所决定的。企业要想在激烈的市场竞争中生存，就要坚持以质量为本。

【案例2-4】

一个替人割草打工的男孩打电话给一位陈太太说："您需不需要割草？"

陈太太回答说："不需要了，我已经有了一个割草工。"

男孩又说："我会帮您拔掉花丛中的杂草。"

陈太太回答："我的割草工也做了。"

男孩又说："我会帮您把步道四周的草割齐。"

陈太太说："我请的那个人也已经做了，谢谢你，我不需要新的割草工人。"

男孩便挂断了电话。此时，男孩的室友问他说："你不是就在陈太太那割草打工吗？为什么还要打这个电话？"

男孩说："我只是想知道我做得有多好。"

案例分析：这个故事反映了ISO质量管理的第一个思想，即以顾客为关注焦点，不断地探询顾客的评价，我们才有可能知道自己的长处与不足，然后扬长避短，改进自己的工作质量，牢牢抓住顾客。我们每个员工是否也可结合自己的岗位工作，做一些持续改进呢？不光是银行的营销人员，所有的员工都可以做到让顾客满意。对于我们每个金融行业从业者来说，只有时刻关注我们的"顾客"（服务对象），工作质量才可能不断改进。

二、培养质量意识的几个方面

第一，质量意识是和遵从意识、责任意识、服务意识的养成相辅相成的。具有遵从意识和责任意识是拥有质量意识的保证。例如，同仁堂、六必居规范了产品制作过程，坚持对用户和顾客负责，也就具备了长久的质量保证。

第二，要把培养质量意识作为个人的追求，与企业的需求相结合。企业竞争的生命力来自员工的素质。贯穿全员的质量意识就是人的素质提高的过程。质量意识包括负责的生活态度、工作态度，还包括知识水平、业务水平，涉及人的参与意识与伙伴精神。因此，我们要不断加强个人质量意识，提高自我综合素质，为明天的辉煌而奋斗。

第三，培养质量意识要从小事做起。如同沃尔玛提出的口号那样："做生意当然要实现利润最大化，而最大化的目标要从最小的具体行动开始。"事物的发展总是经历着从量的增加到质的改变，从小的事物中更能体现一个人的质量意识。

知识链接 2-4

戴明的质量管理 14 条

（1）持续不断地改进产品与服务质量；

（2）提倡新的质量观念，不容忍劣质产品；

（3）摆脱对大批检验的依赖性，要依靠统计质量和控制技术；

（4）要求供货者提供质量统计资料；

（5）持之以恒地改进规划、生产和服务过程的质量；

（6）培训全体员工；

（7）向全体员工提供合适的、正确的工作工具和工作条件；

（8）鼓励信息沟通；

（9）鼓励不同部门协作解决问题；

（10）不搞过于形式化的质量运动；

（11）取消定量的工作任务标准，通过持之以恒地改进质量而提高劳动生产效率；

（12）消除妨碍员工工作热情的障碍，以提高工作质量；

（13）通过不断灌输质量专业知识，以适应产品、生产和工艺迅速更新的需求；

（14）明确高层次质量管理部门对质量的永恒义务。

思考与训练 2-4

上网搜索海尔"砸冰箱"事件，思考一下该事件反映了海尔集团什么样的企业文化？

第五节　遵从意识

离娄之明，公输子之巧，不以规矩，不能成方圆。

——孟子

遵从意识，是按照规则自觉地遵守制度、行使权利并履行义务的意识。无论从事哪一种行业，都应该自觉遵守和服从所在岗位的各种规章制度（包括一些约定俗成的不成文的习惯性规定）以及上司的命令要求。

【案例 2-5】

翟晓宇和李鑫毕业后在建设银行一支行上班，翟晓宇的工作岗位是银行的储蓄柜员，李鑫的工作岗位是银行的导储员。在某一天中午的休息时间，翟晓宇在休息室吃午饭时不注意个人形象，躺在沙发上，跷着二郎腿，手里捧着玉米在那一边吃一边听着音乐，很惬意的样子。殊不知，银行的领导通过摄像头看到了这一幕，直接吩咐经理："把工号××的职员开除。"

在学校时，李鑫就比较活泼好动。到了银行，他对哪里都感到好奇，碰碰这儿、摸摸那儿。一不小心，他触碰到了报警器，引起银行一阵骚乱，影响极坏。李鑫因此被开除了。

案例分析：瞿晓宇和李鑫在工作岗位上不注意自己的言谈举止，没有遵守工作岗位纪律，在单位造成不良影响，最后被开除。来之不易的工作机会，与他们擦肩而过，让人感到惋惜。对于他们本人来说，这更是其职场生涯中一段不光彩的经历，足以引起他们的反思。

一、遵守和服从所在岗位的各种规章制度

为什么要遵守公司制度？金融体系和单位所制定的制度是很科学的，它是在不断总结的基础上建立起来的一种管理手段。市场经济的发展，使现代生产社会化的程度越来越高，分工越来越复杂，也使参加社会化生产的人越来越多。在如此复杂的环境中，如果没有严格的纪律约束，就很难对生产进行协调，任何违反纪律的行为都将影响全局。遵纪守法是各金融企业员工职业道德的首要要求。所以，规范意识是求职必备的职业素质，也是一种重要的职业意识。

遵守职业纪律是金融行业从业者的基本要求。每一个岗位都有相应规章制度或职业纪律，它代表着整体的意志和力量。每一个从业者都应对这些原则规定保持敬畏和尊重，一丝不苟地认真执行，来不得半点马虎、任性和随意。在日常的工作中应该遵守的规章制度和应注意的事项如下：

1. 打电话

办公室电话一般不允许接打私人电话。若有特殊情况，可以使用，但请注意时间不要超过3分钟。否则，请改用私人通信工具。

2. 上班时间

准时上班和下班，否则按规定扣工资或奖金。有私事外出，必须跟上级请示，经批准，填写请假条后才可以外出。

3. 穿着

上班时间应按照所在岗位的要求着装，要做到整洁、大方、得体。例如，办公场合男士提倡穿着衬衫、皮鞋等较正式的装束，忌圆领衫、白袜子等；女士不穿紧、透、露的服装，忌松糕鞋、拖鞋等。

4. 上网

在办公室工作，上班时间上网只是用来查找工作中的相关资料，禁止浏览无关内容。

5. 阅读

上班时间只允许阅读工作范围内的杂志、报纸、书籍等，此类之外不要在上班时间阅读。

细节上应该注意的规范还有很多，各个公司也会对员工有不同的要求，只要具有规范意识，时刻注意，就一定能做好。

二、遵从上级的指示、命令

从某种意义上来看，金融行为的"服从"与军队的"服从"既有区别又有联系，它具有以下的特点：

1. 要无条件遵守

对一个团队而言，要步调一致，就必须服从。如果学会了服从，勇于承担责任，而不是找各种借口来推脱责任，那么会很容易被同事和主管接纳。

2. 要灵活遵守

不管你觉得有多大困难，首要的是把已经分配给你的任务接受下来。如果真有什么解决不了的困难，可以在任务执行过程中与主管沟通。

3. 要立即行动

确认任务后应马上按指令行动，它体现的是一种服从精神。就像军队里的士兵一样，人随命令而动，不能有一时一刻的延误。比如，主管责备下属连一张采购单都会写错，下属应该马上承认错误并且改正，这就是"马上按指令行动"。

知识链接 2-5

面对上司该如何做？

让上司知道——主动报告你的工作进度；

让上司放心——清楚回答上司所提问题；

让上司轻松——努力学习了解上司言语；

让上司省事——接受批评并不重犯过错；

让上司有效——不忙之时主动帮助他人；

让上司圆满——毫无怨言地去接受任务；

让上司进步——主动提出工作改善计划。

？ 思考与训练 2-5

怎样理解"不能服从的员工不是一个好员工"这句话？

第六节 服务意识

做生意的唯一目的，就在于服务人群；而广告的唯一目的，就在于对人们解释这项服务。在我们这个行业，当你开始关心数钞票，胜于做好广告及服务客户时，很快你就会发现没有多少钞票可数。

————李奥·贝纳

一、服务意识的含义

服务意识是敬业精神的延伸，就是指愿意把自己所从事的工作以及给他人带去的方便和快乐当成自己应该做的事情。只有具有强烈的服务意识，才能把工作当成快乐的事。

【案例 2-6】

一位客户到银行存款，在清点时发现一张假币，营业员向客户解释说："对不起，这是一张假币，按人民银行规定应没收。""你凭什么说是假币，这是我刚从银行取出来的，还没打开呢！"客户火冒三丈。为了使客户相信，营业员又仔细检查后耐心地为客户讲解这张假币的特点，同时加盖了"假币"章。客户更加怒不可遏，在柜台外开始大骂银行，一时引来办理业务的10多位客户围观。为平息客户怒气，不影响正常业务办理，这位营业员依旧心平气和地说："请你消消气，有话好好说。不过假币我们还是要没收的。"客户一气之下，三下五除二就把假币撕碎，然后猛地抛在了地上。该营业员一句话也没说，俯下身，一片一片拣起被撕碎的假币，小心翼翼地用胶条粘好，然后开具没收证明交给客户。"不存了，还我钱！""没关系，那我把钱再帮您点一下。"营业员依然微笑着对客户说，并向他介绍有关识别假币的知识。渐渐地，客户的气消了。当营业员客气地把点好的钱交给客户时，刚才还怒气冲冲的客户态度缓和了，"算了，你们也是按制度办事，不是存心为难我，还是存吧。"同时真诚主动地向营业员道歉。

案例分析：该案例中的营业员表现出了专业的服务意识，无论客户怎样生气，该营业员都能严格按照银行假币处理规定和程序办事，技能娴熟，耐心细致地为其服务，整个过程表现得真诚、热情、彬彬有礼。正是因为营业员这种耐心细致的服务态度，才最终赢得了客户的尊重！

二、服务意识的培养

培养服务意识，需要从以下三个方面做起。

1. **热爱自己的工作及工作环境**

企业总是乐意聘用那些精力充沛、积极、热情的人。因为这些人都有一个共同点，那就是乐于热心地为他人服务，具有积极乐观的工作态度。在同事之间、与客户甚至与上下级之间都应该建立起一种互相帮助的关系，而要做到这一点，首先自己要热情地为别人提供帮助。要有一种帮助别人就是帮助自己的信念，只有这样，才能真正地培养自己的服务意识。

2. **掌握服务沟通的技巧**

（1）尊崇备至。尊重是中国殷勤待客的核心内容之一，缺少尊重必定会破坏和谐的关系。就算我们做不到永远按照上级、同事、客户的要求和愿望行事，也决不能有羞辱、为难、贬低或怠慢顾客的行为。

（2）温良谦恭。无论是面对上司、同事还是客户，都应该表现得自信而不骄矜。他们不总是对的，但永远是第一位的，无论出现什么情况，都应该心态平和。

（3）彬彬有礼。礼貌是中国传统文化的一个重要组成部分，它的含义是言行文明、举止大方、细致周全。礼貌能够给人留下美好且长久的印象。

（4）真诚质朴。真诚、热情发自内心。诚信既然是商业活动中最重要的品质，那么它当然也是人际关系之本，更是我们所谈的服务之本。与人相处的时候，不要太过矫饰自己，应该尽量表现自己真实自然的一面，多放一些注意力在别人身上，才能够发现他人的需要，从而提供细心、周到的服务。

3. **娴熟的业务技能，严格按照工作程序执行任务**

娴熟的业务技能是培养服务意识的前提条件。只有具备娴熟的业务技能，才能更好地为客户服务。

知识链接 2-6

树立服务新理念

（1）客户是我们真正的主人；

（2）收入是客户给予的；

（3）相信客户，拉近距离；

（4）视客户满意为企业服务质量的最高标准；

（5）扩大市场占有率固然重要，但更重要的是赢得客户心中的占有率；

（6）产品离开了服务就失去了价值，公司离开了客户就失去了意义；

（7）以心换心，客户不变心；

（8）客户投诉是质量改进的最好标准；

（9）善待每一个客户是我们服务的宗旨；

（10）服务不是战术而是战略。

金融企业在生存过程中，必然要经过淘汰、重组的剧痛，只有这样才可能真正壮大起来。企业不相信人情，也不相信眼泪。守卫自己职位的唯一途径就是自觉认真地做好应该做的事。随着市场经济的发展，金融产品渠道越来越完善，产品差异越来越少，服务的重要性就日渐凸显出来。经济学家认为，我们生活在"服务经济"时代，每个人都在享受他人提供的服务，并且为他人提供服务。全世界最优秀的金融类企业总是十分注意这一点，在要求自己的员工时尤其强调这种服务精神。因此，作为企业中的个体，服务意识也必然作为对员工的基本素质要求之一而被所有人重视。每个员工必须树立自己的服务意识。一般来说，重视服务，自觉地改善服务品质，总是能够得到管理者更多的青睐。即便是你的老板自身都没有意识到这一点，或者你从服务当中所获得的利益非常小，你也要记住：服务至关重要。否则，一旦经济不景气，你将是受到"炒鱿鱼"待遇的第一人。

？思考与训练 2-6

提供优质服务的员工会得到哪些实惠？

第七节　创新意识

不断变革创新，就会充满青春活力；否则，就可能会变得僵化。

——歌德

一、创新意识的含义

创新意识是以深厚的文化底蕴、高度综合化的知识、个性化的思想和崇高的精神境界为基础的。心理学领域的最新研究表明，创新意识是一种认识、人格、社会层面的综合体，涉及人的心理、生理、智力、思想、人格等诸多方面，并且和这些方面相辅相成，能够巩固和丰富人的综合素质。从这个意义上来说，创新意识是素质构成中的核心成分。

2000年8—10月，中国企业家调查系统组织实施了"中国企业经营者问卷跟踪调查"。在针对"最能体现企业家精神的是什么"这一问题上，调查结果显示，企业经营者选择"勇于创新"的比重最高，为47.7%。从不同学历的经营者看，学历越高，选择"勇于创新"的比重越大，其中，研究生的比重为56.4%，而初中及以下的比重仅为38.2%，两者相差18.2个百分点。由此可见，没有创新能力的企业，竞争力就会大大降低。管理者越来越重视员工的创新意识，因为只有全员创新意识的提高，才能增加企业整体的创新能力。

在当今的信息化时代，信息的更新周期不断缩短，在利用已有信息的时候，需要我们对其进行选择、重新整合转化并作出预测，这其实已经远远不只是获取信息，而是在已有信息的基础上进行的一种创新。因而，创新意识还是掌握利用有用信息必备的素质。所以，职场从业者应该有意识、有目的地培养创新意识；利用各种有利条件，从细微处入手，于平凡中发现不平凡，然后投入精力去探索创新，才有可能由平凡发展到不平凡。

【案例2-7】

说马蔚华是中国最具有创新意识的银行家一点也不为过。招商银行在他13年的领导下，已经从偏居一隅的地方银行，成长为中国排在四大国有银行之后的第六大银行。招商银行脱颖而出的制胜秘籍，就是它敢为天下先的创新之举。

"10年前，招行推出一卡通，能保持5年的优势，一网通也可以保持几年的优势。今天，招行推出一个新的产品或服务，下个月可能就被别人复制。"因此，要想保持领先，就得不断创新，而要保持创新动力不衰竭，就必须不断营造创新文化。

作为招商银行原行长的马蔚华在公司内部经常灌输危机意识，公司出现一分钱的不良资产，都需要股东和员工来承担。招商银行没有政府背景，要吸引客户只能依靠出色的产品和服务。这些由事实支撑起来的危机感，让招商银行的每一位员工都树立了靠创新求生存的强烈意识。

诞生于1996年的一卡通，可以说是招商银行创新文化的火种。这粒火种在马蔚华上任后被点燃成熊熊燃烧的大火。2000年前后，一卡通在全国市场风行。一卡通的快速发展让招商银行员工尝到了创新的甜头：只有靠创新产品，才能在竞争中生存和发展。于是，继一卡通之后，马蔚华增大创新投入，在全行统一的电子化平台上，率先推出了一网通、金葵花理财、公司理财等一系列令人耳目一新的金融产品和服务。

"招行文化是企业的核心竞争力，只有长期沉淀的文化才不易被别人模仿。"马蔚华对这样的创新文化非常珍视。不仅亲自营造文化，作为招行的掌舵人，马蔚华还不断探索和引领招行的创新思路。

案例分析：招商银行的掌舵人重视创新文化，并把创新意识深入到企业内部，深入到每个职员心里。在金融市场日趋激烈的竞争中，创新是使该金融企业立于不败之地的不绝动力。

二、创新意识的培养

培养自己的创新意识，需要从以下三方面努力。

1. 要把创新视为自己的职责

这是最重要的一点。生产适合市场的产品是工作职责，而市场需求又是不断变化的，所以就需要不断地创新。因此，创新也是一项工作职责。有了这样一种意识，就可以敦促自己时刻不忘开拓创新，就像不能忘记准时上班一样。

2. 不断学习新的技术技能，使自己的专业知识能够得到不断更新

知识技能是创新的基础，没有先进的知识技能，创新就只能是空中楼阁。有了知识技能的支持，自然就会产生一种想要开拓创新的意识。

3. 时刻保持信息畅通

无论做什么工作，都应该关注有关这一工作的最新信息。例如，企业应该时刻注意市场需求的变化，及时根据变化调整自己的生产活动。"需求是发明之母"，同样，需求也是创新的最原始动力和最大动力。当需求出现改变的趋势时，要及时捕捉到，才能保证自己的创新是真的创新，也就是说，创新必须符合市场需求。

知识链接 2-7

创新者的 10 大核心信念

10 大核心信念是美国沃特·斯塔普斯归纳出来的所有巅峰人士所共有的核心信念。

（1）杰出的创新者不是天生的，而是靠努力成就的。

（2）你命运中的主宰性力量就是你所从事的思考。

（3）你被赋予力量去创造自己的未来。

（4）每次逆境都会令你受益良多。

（5）你的每个信念都是一种选择。

（6）除非你接受失败，并把它看成是不可改变的现实而停止努力，否则你永远也不可能被击倒。

（7）你至少在生活中某一领域里会拥有出类拔萃的能力。

（8）你取得成就的真正限制是你自己加上去的。

（9）没有高度的责任感就不可能有巨大的成功。

（10）要实现任何有价值的目标都需要别人的支持。

？ 思考与训练 2-7

这是一个在营销界广为人知的故事。

某公司为了选拔一位有能力的营销主管，出了一道实践性的试题：想办法把木梳尽量多地卖给和尚。几乎所有的人都表示怀疑：把梳子卖给和尚？这怎么可能呢？许多人都打了退堂鼓，但还是有甲、乙、丙三个人勇敢地接受了挑战。一个星期的期限到了，三人回公司汇报各自的销售实践成果，甲先生仅仅卖出 1 把，乙先生卖出 10 把，丙先生居然卖出了 1 000 把！

甲先生说，他跑了 3 座寺院，受到了无数次和尚的臭骂和追打，但仍然不屈不挠，终于感动了一个小和尚，买了 1 把梳子。

乙先生去了一座名山古寺，由于山高风大，把前来进香的善男信女的头发都吹乱了。乙先生找到住持，说："蓬头垢面对佛是不敬的，应在每座香案前放把木梳，供善男信女梳头。"住持认为有理。那庙共有 10 座香案，于是买下 10 把梳子。

丙先生来到一座颇负盛名、香火极旺的深山宝刹，对方丈说："凡来进香者，多有一颗虔诚之心，宝刹应有回赠，保佑平安吉祥，鼓励多行善事。我有一批梳子，您的书法超群，可刻上'积善梳'三字，然后作为赠品。"方丈听罢大喜，立刻买下 1 000 把梳子。

更令人振奋的是，丙先生的"积善梳"一出，一传十，十传百，朝拜者更多，香火更旺。于是，方丈再次向丙先生订货。这样，丙先生不但一次卖出 1 000 把梳子，而且获得了长期订货。

毫无悬念，丙先生获得了这个营销主管的职位。

分小组讨论：这个故事说明了什么道理？你能把梳子卖给和尚吗？

◉ 本章小结 ◉

任何事情的成功都有赖于良好意识的培养。金融行业人员需要具备诚信意识、团队意识、责任意识、质量意识、遵从意识、服务意识、创新意识。理解其中的内涵并掌握如何培养职业意识，才能为真正成为金融行业的佼佼者打好坚实的基础。

◉ 本章复习题 ◉

一、简答题

1. 金融行业员工必备的职业意识都有哪些？
2. 金融行业讲求诚信有哪些意义？
3. 可以通过哪些方面来培养自己的团队协作能力？
4. 什么是责任意识？如何做一个有责任意识的金融行业员工？
5. 金融行业员工如何培养服务意识和创新意识？

二、实训题

某银行营业部，电脑突然出现了故障，全体工作人员积极配合排除故障，但还是让客户排队等候了 20 多分钟。面对焦急等待的客户，银行工作人员应如何遵循一定的规范和标准，文明礼貌地做好服务工作呢？

［实训要求］

1.6 人为一组，讨论银行服务规范的重要性，银行工作人员应遵循服务的规范和标准有哪些？

2. 在模拟场景中体会服务规范和标准。

［实训提示］

模拟练习时要注意以下几点：

1. 如实告诉客户需要等候的原因。

2. 柜面工作人员接待等候的客户时，做到文明服务、礼貌服务。要求起立并说："对不起，让您久等了。"

3. 大堂内，做到主动服务、热情服务。主动为客户提供茶水，注意引导老弱病残客户入座。

第三章

金融行业职业形象礼仪

学习目标

通过本章学习，你应该：

1. 了解仪容修饰的基本常识与技巧；
2. 掌握金融行业人员的仪容要求、服饰打扮的原则和要求；
3. 掌握服务仪态礼仪（站姿、坐姿、行走的姿势、表情、手势的基本要求）。

导言

职业形象是指在职场中公众面前树立的印象，具体包括外在形象、品德修养、专业能力和知识结构这四大方面。它是通过你的衣着打扮、言谈举止反映出来的专业态度、技术和技能等。"您化的不仅仅是妆容，还是您的品质；您梳的不仅仅是发型，还是您的品味；您穿的不仅仅是制服，还是您的价值；您秀的不仅仅是仪态，还是您的修养；您说的不仅仅是话语，还是您的文化；您做的不仅仅是服务，还是您的为人。"一段关于金融业从业者职业形象的描述，恰恰说明了职业形象塑造的途径及其深刻的内涵。

对于金融客户而言，接受企业的产品及服务从接受企业及员工的职业形象开始；对于金融企业而言，奠定企业服务及管理的基础从塑造职业形象开始。本章将从仪容礼仪、服饰礼仪和服务仪态礼仪三个方面详细学习金融行业职业形象礼仪的相关知识。

第一节　金融行业仪容礼仪

君子之修身，内正其心，外正其容。

——欧阳修

仪容，通常是指一个人的容貌，它包括五官的修饰和适当的发型搭配。就个人的整体形象而言，仪容反映了一个人的精神面貌，传达出最直接、最生动的第一信息。而科学的保养、积极的美容和合理的修饰装扮会使个人形象焕然一新。因此，良好的心态与充足的睡眠，科学合理的饮食（多饮水、多吃水果，注意各种维生素、矿物质的摄入和补充）

配合适度的锻炼，长期的正确保养再加上适当的美化，都可以使我们的仪容大为改观。

仪容礼仪就是对自己的外在形象，也即外表（如头部、脸部等）进行整体形象的设计和修饰。金融行业从业者的仪容礼仪不仅代表自我形象，更代表金融机构的整体形象。

【案例3-1】

某银行到一所中专学校招聘银行导储员，由于待遇优厚，应者如云。金融事务专业应届毕业生小张也前往面试，她的背景材料可能是最棒的——在校学习期间，成绩优异；担任校学生会主席，工作能力很强；专业技能也非常好。在外在形象上，小张五官端正，身材高挑、匀称。面试时，招聘者拿着她的材料等她进来面试。哪知小张在前一天刚参加了同学聚会，随意的装扮（迷你裙、露脐装，涂着鲜红的唇膏）还没来得及换。只见小张轻盈地走到一位考官面前，不请自坐，随后跷起了二郎腿，笑眯眯地等着问话。三位招聘者互相交换了一下眼色后，主考官说："张同学，请下去等通知吧。"她顿时喜形于色，挎起小包飞跑出门。

案例分析：企业面试是一个非常正式的场合，尤其银行更是一个非常注重员工职业形象的一个行业。每个员工都必须时刻注意维护自己的形象。小张参加某银行的面试，是她与未来单位的第一次接触，面试形象是给领导的第一印象，在这样正式的场合，应着西服或者职业套装，以示对应聘工作的重视和对招聘者的尊重。但小张没有这样做，她打扮随意、不入流，个人形象不合常规，给人的感觉是过于前卫、轻浮。着装是一种无声的语言，它显示了一个人的个性、身份、角色、涵养、阅历及心理状态等多种信息。在人际交往中，着装直接影响别人对你的第一印象和对你个人形象的评价，同时也体现了一个企业的形象。

对金融行业从业者的仪容礼仪的基本要求，可以概括为具有清新、端正的仪容和恰当自然的修饰，通常包括个人卫生和仪容修饰两个方面。

一、个人卫生

注重个人卫生，既是个人素质的体现，也是仪容修饰的前提。金融行业从业者应在日常工作和生活中养成注重个人卫生的好习惯。

1. 洗澡、洗头、洗脸

洗澡可以除去身上的尘土、油垢和汗味，并且使人精神焕发。只有养成经常洗澡、洗头、洗脸的好习惯，才能保证身体无异味，头发不粘连、不板结、无头屑、无异味。

2. 面部清洁

对金融行业从业者面容的最基本的要求是：不蓄胡须、鼻毛不外现、干净整洁、口无异味。要注意面容清洁卫生，保持牙齿、眼睛、眼镜、耳朵、鼻子等处的清洁，显出职业精神。

3. 手部的清洁

因为工作关系，手部的卫生保持对于金融行业工作人员而言尤为重要，所以金融行业从业者必须坚持勤洗手。此外，经常修剪指甲也是必要的，最好每周修剪一次，指甲的长度以不长过手指指尖为宜。长时间不修剪指甲，不仅指甲缝容易藏污纳垢，不卫生，而且不方便。女员工不可以涂抹过于醒目的指甲油。

二、仪容修饰

仪容修饰主要分为发型修饰、面容修饰和肢体修饰三部分。

1. 发型修饰

"完美形象——从头开始"，发型是构成仪容的重要部分。头发整洁、发型得体是对金融行业从业者个人形象最基本的要求。

（1）确保整洁。定期清洗头发，每周勤洗的次数以 2～3 次为宜；及时理发，通常应当每半个月左右一次，至少要确保每月理发一次；适时梳理头发，由于金融行业的特点，梳理头发宜在以下几种情况下进行：一是出门上班前；二是换装上岗前；三是摘下帽子时；四是其他必要时。

（2）慎选发型。对金融行业从业者发型选择的总体要求是：风格庄重、长短适当、体现特色、便于打理、显得干练、体现职业特色。

男员工的发型标准为：前不覆额、侧不掩耳、后不及领、面不留须。梳理过程应特别注意发型，可适当用啫喱水定型，保持头发的湿润和光泽度。

女员工的发型标准为：以短发为佳，发长不触及肩部，刘海不遮眉毛；工作时应将鬓角两侧头发放在耳后，若是长发，宜将头发盘起，用发夹、发网将头发网住，给客户的感觉是清爽、职业、自信。

（3）注意美化。选择好发型，适当地进行美化是必需的。

①护发。金融行业从业者要重视头发护理，需要注意的事项如下：一是长期坚持；二是选择质量较好的护发产品；三是采用正确的护理方法。

②染发。若无特殊需要，金融行业从业者不宜染发，以黑发为美。

③烫发。金融行业从业者应选择那些端庄大方的发型，具体设计上应避免将头发烫得过于蓬松、凌乱或华丽、美艳。

④发饰。在工作中，金融行业从业者最好不佩戴任何发饰。即使允许佩戴，也应是出于管束女性长发之用的黑色或藏蓝色且无任何花色图案的发卡、发箍、发网或发带。

⑤帽子。金融行业从业者在工作中只能佩戴单位统一配备的工作帽。

2. 面容修饰

（1）面部护理。面对日益加快的工作和生活节奏，为保持良好的工作状态和精神面貌，在了解皮肤类型的基础上，必须选择适合自身肌肤的护肤用品，坚持对皮肤进行正确的常规护理，以保证皮肤的健康和整洁。

①日间护肤与晚间护肤。日间护肤三部曲为：洁肤—爽肤—护肤。晚间护肤三部曲为：洁肤—爽肤—润肤。

洁肤：将洗面奶倒在手中或分额头、两颊、鼻部、下颌五点抹在脸上，蘸少许水用指腹打圈，由里到外、由上到下，然后用温水将洗面奶清洗干净。

爽肤：用化妆棉蘸取爽肤水，轻拍脸颊，先内后外。

护肤或润肤：用日霜或晚霜，由外至内在额、两颊、下巴处用手轻轻抹开，稍加按摩，使其完全吸收不泛油光为止。在此基础上根据具体情况涂抹防晒霜或隔离霜等。

②周期性护肤。周期性护肤一般以 7 天为 1 个周期。在冬天，干性皮肤为 10 天左右为 1 个周期，进行深层洁肤及较为全面的护理。

周期性皮肤护理的程序如下：

洁肤：常规清洁皮肤后，用角质霜去除多余的角质，进行深层的洁肤。

蒸面：用离子蒸雾器喷雾，使皮肤毛孔张开，以方便深层洁肤和营养导入。

按摩：运用人工或机器进行按摩、点穴，使皮肤的紧张状态得以缓解，减少黑色素生成和沉淀。

面膜：根据不同的肤质及不同状态的皮肤选用相应的面膜，同时对皮肤问题加以处理。

爽肤：用化妆棉蘸取爽肤水轻拍，使毛孔收缩，增加弹性。

润肤：将润肤霜或润肤乳自上而下、由内向外均匀地涂抹并稍加按摩，使之完全吸收，维持肌肤酸碱平衡。

（2）面部化妆。面部化妆以突出五官中最美的部分，并掩盖或矫正缺陷为目的。面部化妆有淡妆和浓妆两种方式。通过恰当的淡妆修饰，体现自然、清晰、大方的美感，适宜于职业场所；参加特殊的晚宴、演出等场合，则可通过浓妆塑造出庄重、高贵的形象。

对金融行业白领丽人而言，化妆的基本规范为：化妆上岗，淡妆上岗。金融行业从业者对自己的仪容进行修饰的重点，是根据不同场合的不同需要进行必要的面部化妆。在金融活动中，她们端庄的仪容和恰到好处的修饰既能显示出对同事、对客户的尊重，还能增加其信任感、愉悦感。

① 金融行业从业者化妆一般应遵循自然、美化、协调的原则。

第一，金融行业的白领丽人的化妆应清淡自然。化妆要体现生动、真实，具有生命力。

第二，金融行业的白领丽人的化妆应以美化为基本要求，应力戒怪异。化妆的基本作用就是突出亮点，并适度矫正自然条件的某些不足，做到避短不扬长。

第三，化妆不排斥个性化的追求，但必须有章法，不能我行我素。在浓淡、颜色等方面的选择上，应遵循一定的规则。懂得化妆之道者，理当令自己的化妆在整体上相互协调，强调整体效果。

② 金融行业从业者化妆的禁忌如下：

第一，工作妆应以淡妆为主，忌浓妆。其目的在于不过分地突出商务人员的性别特征，不过分引人注目。

第二，应避免过量使用芳香型化妆品。使用任何化妆品都不能过量，尤其是香水，一般认为，与他人相处时，自己身上的香味在一米内能被对方闻到，不算是过量。

第三，应避免当众化妆或补妆。对于金融行业从业者而言，当众化妆或补妆，不仅让人感到很不庄重，还会使人认为她们对待工作用心不专。

第四，应力戒与他人探讨化妆技巧。在工作时随便与他人一起切磋化妆术的人，大家都会觉得她有些不务正业。

第五，应力戒妆面出现残缺。假如自己适当地化了一些彩妆，那么就要有始有终，努力保持妆面的完整性。用餐、饮水、休息、出汗、沐浴之后，一定要及时为自己补妆。

知识链接 3-1

入门化妆简单步骤

化妆品：普通乳液；粉底（粉底液和粉饼任选一种）；眉笔；眼影；睫毛膏；唇彩；

腮红。

工具：眼影刷（一般的眼影盒都附带）；睫毛夹；腮红扫（一般要另外购买）。

化妆步骤：

第一步：涂乳液。乳液用在洗脸后起护肤和滋润的作用。

第二步：打粉底。如果本身皮肤很好，也可以只抹常见的滋润乳液，不需要打粉底。粉底分粉底液和粉饼两种，可任选一种。

擦粉底时，如果是粉底液，可用手指蘸取少量，分别点在额头、鼻梁、脸颊、下巴等处，然后轻轻推匀。如果是粉饼，用粉扑均匀地扑上就好。

第三步：画眉。眉笔的颜色要选与自己眉毛颜色最接近的，东方人通常为咖啡色、棕色或灰色。

画眉的时候应尽量淡，从眉头到眉梢依次进行，眉头最好从下到上、从内到外，眉梢要一笔带过，避免修改。

第四步：涂眼影。同一色系以不同深、浅的色彩，自眼睑下方至上方、由深至浅渐次涂上，可以塑造目光深邃的效果。涂眼影可以使眼睛看起来会变大至少1/3，且很有神采。

第五步：夹睫毛。刷睫毛前应以睫毛夹夹卷处理，睫毛应夹3次（夹时注意勿夹到眼皮）：第1次夹根部；第2次夹中段轻轻向上弯；第3次夹尾端。

第六步：涂唇彩。唇彩的颜色最好跟服装的主题色一致。

第七步：打腮红。选出适合色系的腮红，对着镜子微笑，颧骨的部位就是腮红可以打上的部位。使用时每次的腮红量要少、要淡，可多刷几次直至效果完美。

3. 肢体修饰

肢体修饰，分为上肢修饰和下肢修饰。

（1）上肢的修饰可分为手臂保养、手臂保洁两部分。

①手臂保养。金融行业工作人员平日运用双手及手臂较多，所以一定要高度重视保养自己的手臂和双手，避免出现粗糙、开裂、红肿、生疮、长癣或者创伤不断等情况的发生。

②手臂保洁。金融行业工作人员要时刻注意保持手部的清洁，平时务必做到"六洗"，即上岗之前、手脏之后、接触精密物品或入口之前、规定洗手之时、上过卫生间之后和下班之前要洗手。有些特殊的工作岗位规定员工必须戴上专用的手套，切不可忘戴或故意不戴。

上肢修饰应遵循自然、简洁、庄重的原则，不留长指、不要涂抹彩色指甲油和彩绘手臂。出于养护的目的，允许金融行业的员工平时使用无色指甲油。一般情况下，金融行业的工作人员制服不会裸露肩部，特殊工作需要必须穿着肩部外露的服装上岗服务时，切记此前最好剃去腋毛，做到腋毛不外露。

（2）从金融行业工作人员的工作性质出发，对下肢的修饰要求如下：

①清洁。做到"勤于洗脚、勤换袜子、勤换鞋子"。

②着裙装工作服时应穿长筒袜，不要光腿、光脚，在特殊情况下光腿时应选择过膝的长裙或长裤，以示庄重。

③金融行业的工作人员在工作岗位上不应穿着露脚趾和无后跟或脚后跟裸露在外的鞋

子；另外，下肢的美化也与上肢的美化所遵循的原则相同，注意脚部汗毛的处理，勤剪趾甲，禁止涂抹彩色指甲油和做腿脚部的彩绘等妆饰。

？ 思考与训练 3-1

陈妍中专毕业后在建设银行当柜员。为了使职员在工作中增强自信，提高审美品位，人力资源部举办了职业礼仪培训活动，陈妍和很多年轻的同事都报名参加了培训。本次培训主要是在老师的指导下进行职业淡妆的化妆练习。

要求：自备化妆用品和用具进行职业淡妆的化妆练习。

第二节　金融行业服饰礼仪

不饰无貌，无貌不敬，不敬无礼，无礼不立。

——孔子

意大利画家达·芬奇说："你不见美貌的青年穿戴过分反而折损了他们的美吗？你不见山村妇女穿着朴实无华的衣服反而比盛装的妇女美得多吗？"装饰是否美，不在于装饰是否华贵、时髦，而在于它与人的年龄、体型、身份、气质、性格以及所处的环境是否合适、协调。服饰美不仅表现人的外在美，还体现着人的精神面貌，反映了一个人的道德修养、文化素养和审美情趣。

金融行业从业者的社交活动频繁，对外交流的机会越来越多，社会对于这个群体的要求也会越来越高，所以，掌握服饰礼仪方面的知识应该成为现代金融行业从业者的必修课。

【案例 3-2】

张强是某国有企业的总经理，最近他获悉美国一家著名企业的董事长正在本地进行访问，并有意寻求合作伙伴。于是，他想尽办法，请有关部门为双方牵线搭桥。

没想到，对方也有兴趣同他的企业进行合作，而且希望尽快与他见面。到了双方会面的那天，张强对自己的形象刻意地进行了一番修饰，他根据自己对时尚的理解，上身穿夹克衫，下身穿牛仔裤，头戴棒球帽，脚上穿了一双旅游鞋。无疑，他希望自己能给对方留下精明强干、时尚新潮的好印象，然而事与愿违，张强自我感觉良好的这一身时髦的穿着却偏偏坏了他的大事。

案例分析：根据惯例，在涉外交往中，每个人都必须时刻注意维护自己的形象，特别是要注意自己在正式场合留给初次见面的外国友人的第一印象。张强与美方企业董事长的第一次见面属于国际交往中的正式场合，应穿西服或传统中山装，以示尊重。但他没有这样做，正如美方企业董事长认为：此人随意，个人形象不合常规，给人的感觉过于前卫，尚欠沉稳。着装也是一种无声的语言，它显示了一个人的个性、身份、角色、涵养、阅历及心理状态等多种信息。在人际交往中，着装直接影响到别人对你的第一印象，关系到对你个人形象的评价，同时也关系到一个企业的形象。

一、金融行业从业者服饰打扮的原则和要求

1. 着装符合 T. P. O 原则

T. P. O 原则，即着装应该与当时的时间、地点、场合相协调。

（1）Time（时间）原则。着装要应时，此原则要求在着装时要考虑早晚、季节、时代的差异。与时间、季节相吻合，与所处时代相适应；符合时令，不同时间段有不同的着装原则。

（2）Place（地点）原则。身处不同的地点要有不同的着装，着装要与所处的环境，与不同的国家、区域、民族的需求相协调，符合习俗。考虑所处的场所、自身的地位以及职业等因素，不同环境条件下应有与之相适应的服饰打扮。

（3）Occasion（场合）原则。穿着要因地制宜，即着装应考虑出现场合的目的、所需表现的主题、希望达到的目标及交往的对象等多方面因素，与当时的气氛相融洽、相协调。总之，或庄重或活泼或素雅或浓烈均应符合场合气氛才算到位，这样有利于树立良好的个人形象。

2. 遵守成规原则

要保证在服饰问题上不出差错，最佳的方法是遵守成规，特别是要严守金融行业的有关规定。

不同的服装一般都有其约定俗成的穿着规矩，这是每个人在着装时都必须遵守的。西服和套裙的穿着就有较为严格的规定，比如穿西服最重要的规则通常称为"三个三"，职场着装还有"四不准"等。

3. 和谐得体原则

关于美与和谐的关系，古希腊的一位哲学家曾说过："美在和谐。"

（1）着装符合身份，应有性别、年龄之别。整洁大方是服饰打扮的最基本的要求和原则，具体要求是保持服饰的干净得体，整齐有致。穿着服装时还应注意性别和年龄的一些区别。年龄是成熟程度的标尺，也是选择服饰的重要"参照物"。不同年龄层次的人，只有穿着与其年龄相适应的服饰才算得体。

（2）穿着应与形体条件协调。人们的形体条件千差万别，对服饰的穿着理当因人而异，扬长避短。因此，应该掌握一些关于服装造型的知识，通过适当的修饰，充分展示自己的长处、掩饰自己的不足，借助服装展现出美妙的形体感觉。

[知识链接 3-2]

不同体型的人的服饰搭配方法

对于身材高大的人而言，在服装选择与搭配上应注意：上衣适当加长以缩小高度，切忌穿太短的上装；服装款式不能太复杂，适宜穿横条或格子上装；服装色彩宜选择深色、单色。

对于身材较矮的人而言，希望通过服装打扮拉长高度，故上衣不要太长、太宽，裤子不能太短，裤腿不要太大，裤脚宜盖着鞋面。服装色彩宜稍淡、明快柔和些，上下色彩一致可以造成修长之感。服装款式宜简洁，忌穿横条纹的服装。

对于身材较胖的人而言，穿衣就要尽量让自己显瘦，故穿衣不能穿横条、大格子、大花的衣服，以合体为好，更不能用太夸张的腰带，这样容易显出粗大的腰围。在颜色上以冷色调为好。

对于身材偏瘦的人而言，要尽量穿得丰满些。不要穿太紧身的服饰，可选一些横条、方格、大花图案的服饰，以达到丰满的视觉效果。

4. 服饰的色彩搭配和运用原则

把握一些服饰色彩搭配的原则，是学习服饰礼仪的重要内容之一。

（1）要注意服饰色彩搭配的技巧。在色彩搭配上，不同的颜色给人的第一印象是不同的，如深色系给人一种沉稳、干练的感觉，浅色系让人有一种轻松活泼的活力。所以，服饰的搭配是一个比较复杂的美学问题，要讲究技巧，才能运用丰富的色彩形成完美的和谐统一，展现美好的形象。在现代社会中，工作和生活的节奏加快，用色的主流是雅洁、自然、简练、朴实，要避免繁杂、零乱，做到少用色、巧用色。男性服装不宜有过多色彩变化，以不超过三色为好；女性也要避免色彩的堆砌，色彩过多会显得浮躁和俗气。在两种以上色彩相配时要有主色，并将此作为基础色，再配以一两种次要色，使整个服饰的色彩主次分明，相得益彰。

（2）服饰色彩搭配应注意的问题。要做到和谐，应注意以下几个方面：服装的色彩必须与着装者的发型、肤色相和谐；服装的色彩要与个人的性格特点、爱好、职业相和谐；服装的色彩要与人的体型、年龄、肤色相和谐；服装的色彩要与季节、环境、场合相和谐。和谐不是一种表面形式，而是一种"神"和。它不仅是服装自身多种色彩的整体和谐，也是服装与人的和谐、服装与环境的和谐，是一种深层次的完美和谐。

二、金融行业工作制服的穿着礼仪

制服既然属于上班族，那么对身着制服上班的金融行业从业者而言，穿着和搭配制服，就必须严格地遵守有关的礼仪规范和本单位的具体规定。

穿制服时，金融行业的从业者必须掌握以下要点：

1. 大小合身

各金融机构服装定制形式不同，无论量身定做还是依据大、中、小码批量生产，一般都应选择适合自己的尺寸，要注意"四围"、"四长"。"四围"即领围、胸围、腰围、臀围。领围以插入两手指大小为宜，胸围、腰围、臀围应松紧适度；"四长"即袖长、衣长、裤长、裙长。袖长在手的虎口关节处，西装制服以衬衣袖长抬手时比西装袖长出1.5～2厘米为宜；衣长以盖过臀部的4/5为宜；裤长以盖过鞋跟的2/3为宜；裙长以在膝盖上下10厘米为宜。

2. 着装规范

着装规范是金融制服着装的基本要求，如衬衣不能掉扣，男员工佩戴的领带、女员工穿有领衬衣所佩戴的领花或丝巾，都应与衬衣领口吻合、紧凑而不歪斜。

3. 佩戴规范

工牌、行徽要全部佩戴整齐，固定牢固，不能松动、歪斜、左右晃动。佩戴工牌的位置应在左胸上侧，男员工佩戴在左胸口袋上侧中间位置，与口袋上侧边沿相距0.2～0.5厘米，而不宜直接佩戴在口袋上；女员工应佩戴在左胸上侧3～4厘米为宜，而不应佩戴在左胸的最高点上。

4. 注意保养

金融制服上班时穿戴整齐，下班后脱下挂在衣架上，注意养护。不应该下班后还穿着制服，甚至逛商场、买菜、干家务时也穿着，使制服成了劳动服。不能随意把领带、领花或丝巾揉成一团揣在口袋里，到上班佩戴时皱皱巴巴的，显得既不整洁又不规范。

严格遵守金融制服的穿着规范，规范地佩戴领带、领花或丝巾，是提升自我素质、塑造自我职业形象的需求，也是现代企业规范管理的需要。

三、男士西服的穿着礼仪

西服是举世公认的国际服装，美观大方、穿着舒适，因其具有系统、简练、富有气派风度的风格，所以成为当今国际上最标准、最通用的礼服，在各种礼仪场合都被广泛穿着。西服穿着，七分在礼，三分在穿，有相当统一严格的模式和要求。金融行业很多场合更是讲求穿着西服。因此，作为金融行业的从业者，更应懂得西服穿着礼仪。

1. 西服种类

目前，国际流行的西服款型有四种：欧式西服、美式西服、英式西服和日式西服，各种款式都有其相应的特点，适合不同体型的人选择和穿着。

（1）欧式西服。欧式西服洒脱大气，其特征是倒梯形。其垫肩夸张，不强调腰部，上衣偏长，没有开衩，双排扣居多，西裤不卷边。皮尔·卡丹、杰尼亚等品牌均属于欧式西服。

（2）美式西服。美式西服外观方正，宽松舒适，比欧式西服稍短一些，没有垫肩，美国人讲究随意、自然，其领型为宽度适中的"V"形，后摆中间开衩。麦克斯、拉尔夫·劳伦等品牌均属于美式西服。

（3）英式西服。英式西服裁剪十分合体，肩部垫肩略薄，领型是"V"形，腰部收缩，后摆身侧开衩，多为单排扣，以高位三粒扣和低位三粒扣款式为多见。登喜路等品牌就是被商界男士推崇喜爱的英式西服。

（4）日式西服。日式西服上衣外形为"H"形，不过分强调肩部与腰部，垫肩不高，领子较短，较窄，不过分收腰，后摆不开衩，多为单排扣。顺美、仕奇、雷蒙等品牌西服为典型的日式西服。

西服还有套装和单件上装的区别，而套装还有两件套和三件套之分。两件套是指用同色、同料裁制的，互相配套的西装上衣和裤子；三件套是在两件套基础上加一件同色、同料的背心。

2. 西服的整体搭配要求

（1）场合的要求。西服的穿着应合时、合地、合景。正式场合如宴会、婚丧活动、典礼等，必须穿素雅的套装，颜色以深色、单色最为适宜，必须系领带；在办正事场合，如办公室、午宴、一般性会见访问等，宜选择较明亮的深色、中性冷色调或浅色调套装，也可穿着条纹及暗色小格的套装，最好也系领带。非正式场合，如外出游玩、参观、逛街、探亲访友或餐厅聚餐，最好穿休闲套装或普通的单件西服便装，可以不系领带。

（2）领带的要求。领带是西服的灵魂，是"男人的第一张名片"。因此，正式场合穿着西服应系领带。一般领带用真丝以及其他混纺的面料制作，图案有纯色、条纹、圆点、花饰和方格等。领带的花色可以根据西装的色彩配置选择；领带的长度以到皮带扣处为宜。若穿西装背心或羊毛衫，则领带必须置于背心或羊毛衫之内，而各类T恤衫、圆领衫、V型软领衫等都不能系领带。

领带结的打法一般有平结、双环节、温莎结、双交叉结等几种，形状稍有区别。从事金融、保险等工作的人士应选择适当的领带结打法，表现出严谨、缜密、有条理及可信任的感觉，合适的领带结打法也可帮助延长男士脸型和脖颈线条。打领带要注重细节处理，表现出男士的修养和个性风格。

知识链接3-3

领带结的打法

（1）平结（如图3-1所示）。平结是男士选用最多的领结打法之一，几乎适用于各种材质的领带。要诀：领结下方所形成的凹洞需让两边均匀且对称。

图3-1 平结

（2）双环结（如图3-2所示）。一条质地柔软细致的领带再搭配上双环结颇能营造时尚感，适合年轻的上班族选用。该领结完成的特色就是第一圈会稍露出于第二圈之外，可别刻意给盖住了。

图3-2 双环结

（3）温莎结（如图3-3所示）。温莎结适合用于宽领型的衬衫，该领结应多往横向发展。应避免材质过厚的领带，领结也勿打得过大。

图3-3 温莎结

（4）双交叉结（如图3-4所示）。这样的领结很容易让人有种高雅且隆重的感觉，适合正式活动场合选用。该领结应多运用在素色且丝质领带上，若搭配大翻领的衬衫不但适合且有种尊贵感。

图3-4 双交叉结

（3）衬衫穿着的要求。衬衫要挺括、整洁无褶皱，尤其是领口，每次洗后都要熨平。一件与西服上衣搭配合适的衬衣，其领口应比西装领子高出1厘米左右，袖子应比西服长出2厘米左右。在正式场合，衬衫的下摆必须扎在西裤腰里，袖口必须扣上。凡系领带的不论是否与西装配穿都必须将领口和袖口的扣子扣好，不能挽起袖子；不系领带时，衬衫领口不可扣上。正式场合忌讳穿短袖衬衫打领带。

（4）衣袋的要求。西服上衣两侧的衣袋只作装饰用，不可放东西。上衣胸部的衣袋专装手帕，不可他用。西裤插袋也不可放入鼓囊之物。

（5）与西服相配的鞋、袜的要求。穿西服，一定要配皮鞋，材质以牛皮最佳，羊皮、猪皮次之。皮鞋颜色以黑色或深色的为宜；款式以传统系带式或盖鞋式为好，要注意保持皮鞋清洁、光亮、有形，并经常保养。穿皮鞋还应配上高腰的西装袜。袜子颜色要与皮鞋统一，深色为佳，其质地最好以棉质的为佳。

（6）西服的纽扣的要求。穿双排纽扣的西服时，在正式场合要把所有扣子都扣好，只有在家或独自一人在办公室里才能敞开。穿单排扣的西服时，其纽扣无须全扣，也可以不扣；两粒扣的只需扣上边一粒；三粒扣的只需扣中间一粒，最下面的纽扣通常不扣。

（7）男士的手包。男士的手包宜选真皮质地。如果是拜访客户或办理其他公务需要携带相关资料和文件，宜选择款型大的公文包；如果是晚宴应酬，宜拿稍小一些的手皮包。

（8）礼仪场合西服、衬衫、领带颜色搭配的要求。黑色西装，配白色或浅色衬衫，系银灰色、蓝色调或黑红细条纹领带；中灰色调西装，配白色或淡蓝色衬衫，系红色、绿色及黄色调领带；暗蓝色西装，配白色或淡蓝色衬衫，系蓝色、深玫瑰色、褐色、橙黄色调领带；墨绿色西装，配白色或银灰色衬衫，系银灰色、灰黄色领带；乳白色西装，配红色略带黑色衬衫，系红色或黄褐色调领带。

知识链接3-4

穿西服最重要的"三个三"规则

一是三色原则。穿西服时，包括上衣、裤子、衬衫、领带、鞋子、袜子、皮带在内，全身颜色应该在三色之内。

二是三一定律。重要场合穿西服套装外出时，鞋子、腰带、公文包三样男士主要的饰物应为同一颜色，而且首选黑色。

三是三大禁忌。它包括：袖口上的商标没拆；在非常重要的场合，穿夹克、短袖衫打领带；男士在正式场合穿着西服套装时鞋子和袜子不搭配（重要场合，白袜子和尼龙丝袜都不能和西服搭配；鞋应穿制式皮鞋，男士是指系带的黑皮鞋，女士是指黑色的高跟或半高跟的船型皮鞋）。

四、女士套装穿着礼仪

女士套装分为裙装和裤装，一般来说，裤装的隆重程度不如裙装。因此，一般正式场合和较为重要的社交场合中职业女性应该穿着裙装。女性穿着西装套裙，不仅显得精明、干练、洒脱和成熟，还能烘托出女性所独具的韵味，显得优雅、文静、娇柔与妩媚。

穿套裙时，应当注意以下几点：

1. 西装套裙的选择

职业女性在选择套裙时，通常需要考虑以下7个基本问题：

（1）面料要选择上乘的纯天然质地纯毛、丝麻等面料。

（2）色彩要以冷色调为主，如中灰色、藏青色，给人以沉稳、干练的感觉。

（3）图案应朴素简洁，一般以隐格、窄条纹为宜。

（4）点缀应少而精，不宜添加过多的装饰。

（5）尺寸的长短与宽窄。在选择套裙时应特别注意，职业套装的裙子长度以在膝盖上下变化为宜，而衣长最短的限度为在手臂高举时不能露出裙腰。套装上衣和裙子的大小应以合体为宜。

（6）版型。整体造型有 H、X、A、Y 形几种形式，其中以 H 形为最正式。

（7）套裙的款式变化主要体现在领型、纽扣和裙型上，并无严格的规定，但有一些细节还是必须注意和严格遵守的。

2. 套裙穿着的注意事项

（1）套裙的穿着应大小适度、穿着到位、场合适应、装饰协调、举止兼顾。

（2）内衣必须要穿且不宜外穿，不准外露、外透。

（3）袜子以黑色、灰色、肉色为宜，且完好无损。尽量不出现丝袜脱丝、破洞等情况；女士穿西服套裙时最好穿有透明感的肉色连裤袜或长筒袜。

（3）面料较薄、颜色较浅的套装，上衣和裙子都要加同色衬里，否则会有内衣外透、外露之嫌，有失稳重。

（4）鞋的颜色以黑色为通用，也可与服装颜色协调一致。皮鞋要求线条简洁，无过多的装饰。女士穿高跟鞋的高度一般以 3～4 厘米为宜，最高不超过 6 厘米。此外，高跟鞋的鞋跟也不可太细，以免发生危险。

（5）手包以手提式或单肩式为佳，最好选择真皮材质，颜色应与套裙色调相协调。

（6）胸针是西服套裙最主要的饰品。穿西服套裙时，别上一枚精致的胸针，能够使视线上移，让身材显得更高挑。胸针一般别在左胸襟，大小、款式、质地应与服装相协调。

（7）丝巾的佩戴。对于金融业从业者来说，职业着装时搭配一条丝巾，不仅仅能反映个人的品位，更能为企业形象增色不少。丝巾、围巾的选戴需注意：一是丝巾、围巾材质的选用；二是丝巾、围巾与肤色的协调；三是丝巾、围巾的选戴方法等。

总之，职场女性的着装要遵循职业化、女性化，以职位标准选择服装的基本原则，充分发挥穿衣这一"形象工程"的作用，塑造简约、素雅、端庄的职业女性形象。

五、饰物佩戴礼仪

饰物是服装之外的与服装搭配、穿着起装饰作用的物品。随着人们生活水平的提高，越来越多的饰品受到人们的青睐，优雅得体的着装，如果配上适当的饰品，将使穿着者更加光彩照人。对于金融行业从业者而言，可选择适当的首饰佩戴，以起到画龙点睛的效果。

1. 饰物的佩戴原则

金融行业由于职业的特点，对饰物的佩戴有严格的规范要求。

（1）符合身份。金融行业以严谨著称，员工必须以整洁、干练、自信、端庄、大方的职业形象出现在客户面前，因此，造型、价格夸张的饰物是不合适的。

（2）以少为佳。饰物的佩戴以少为佳。以女员工为例，手部佩戴戒指最多一个，不可佩戴过于夸张的玉镯、水晶镯和其他形状的手镯、手链。

（3）协调得体。巧妙地佩戴饰物能够起到画龙点睛的作用，给个人形象增添色彩。但在佩戴饰物时，应尽量选择同一质地或同一色系的饰物佩戴，这样才显得统一协调。

2. 饰物的选择和佩戴要点

（1）眼镜。在选择眼镜时需要注意以下几点：

①考虑镜架与脸形是否相宜。脸形窄长者宜选用圆形或偏方形的宽边镜架；脸形较圆者，宜选方形的宽边镜架；三角形或者瘦脸形，宜选用圆形或扁圆形的镜架。

②考虑眼镜的颜色与大小，使之与面色和脸形大小协调。

③在选择眼镜的外观造型、颜色、质地等方面也要考虑职业和身份。

④注意眼镜的佩戴场合。在正式场合，即便是在室外，如无特殊原因，也不宜戴深色的眼镜；在与地位或年龄明显高于自己的人交谈时，也不宜戴深色的眼镜。与女性较正式接触时或与人握手谈话时，亦不宜戴太阳镜。如有特殊情况或不方便将眼镜摘下时，应向对方说明。

（2）手表。金融业从业者佩戴一块得体的、能体现自己风格的手表时，既增加了修饰效果，又方便了服务工作，更能向客户传递一种守时的信息。选戴手表时，需注意的是与自己的手形相适应。

（3）首饰。在这里简要介绍一下工作场合佩戴戒指、项链和耳环的注意事项。

①戒指佩戴。戴戒指时，一要注意戒指的寓意；二要注意戒指的形状与指形的协调；三要注意不要在工作场合戴过于夸张的戒指。

②项链佩戴。戴项链时，一是根据自己的脸形选择项链的长度；二是选择项链还要与着装的色彩、款式和质地相适应。穿着套装或职业装时，宜选择长项链，但也不能过长，以免挂件露出；三是上班时应选择一条较细的金或银项链，以免给人以招摇的感觉。

③耳环佩戴。贴耳式的耳环显得端庄大方，形状有圆珠形、心形、蝴蝶形、椭圆形等，较适合职业场所佩戴。金融业女性员工以佩戴贴耳式耳环为佳。戴耳环后最好不要再佩戴胸针或手镯，以免显得呆滞，但若配上同色系列的项链或戒指则会增色添辉。

总之，饰物佩戴对个人形象塑造的影响很大。得体的饰物佩戴能给个人形象起到画龙点睛的效果，金融业从业者要不断增强自身的修养，巧妙地运用饰物这一工具。

思考与训练 3-2

帮助你的父母认真整理一次衣橱，将他们的衣服按照类别进行划分，并按照所学习到的搭配知识为他们搭配出几套得体的服装。

第三节　金融行业服务仪态礼仪

有一种内在的礼貌，它是同爱联系在一起的。它会在行为的外表上产生出最令人愉快的礼貌。

——歌德

仪态是展示自我形象、展示职业风范、展示精神气质、展示形体魅力的基础和前提。所谓仪态，指的是人们的身体所呈现出来的各种体态造型。优雅的仪态必须是挺拔的站姿、正确的坐姿、矫健的步履、恰当的手势、自然的微笑、真诚的表情、高尚的品质等的综合表现和融合。因此，金融行业从业者必须要注意自己在工作、生活中的行为举止，并有计划、有系统地进行仪态的训练，方能让自己的举手投足尽显仪态端庄。

【案例 3-3】

只要走进民生银行南京分行的任意一家营业网点，就能得到"三部曲"的全流程服务。首先是迎宾，客户走进营业厅大门，保安不仅会主动给客户拉门，而且会向客户敬礼，主动将其带领到大堂经理面前；其次是引导，大堂经理会主动迎上前去，指引其领取号牌，询问客户业务需求并指导其填单或代其复印证件，将其引导至休息椅入座或相应的服务柜台；最后是柜台操作，由于前一环节解决了咨询、填单或复印凭证等手续，因此柜面操作更有针对性，速度也更快捷，一般均能做到立等可取，1~2分钟之内就能办完业务。

为让客户感受到被尊重，民生银行在服务礼仪上积极开动脑筋，从细微之处让银行服务变得亲切和生动起来。在保安方面，将保安职能定位于服务客户在前、打击坏人在后，这一调整使保安角色发生了重要转变，从冷峻地审视可疑客户到热情地为每个客户服务，在服务每个客户过程中强化安全保卫。通过将严谨有余的大盖帽换成精神帅气的贝雷帽，使保安形象更亲切；推行保安先敬礼后引导模式，让客户体验到尊敬；从实际出发，在服务过程中积极倡导"八个一点"，即对待客户要微笑一点、对待老年人要主动一点、对待外地人要和蔼一点、对待不知情人要耐心一点、对待性格急躁的人要忍耐一点、对待自高自大的人要顺从一点、对待有困难的人要多帮助一点、对待有意见的人要诚恳一点，真正从客户角度出发，在服务中倡导"人性化"。

案例分析：以上案例证明了服务礼仪在金融行业工作中举足轻重的地位。银行服务仅有微笑是不够的，客户到银行来办业务，最需要的是快捷地办完，而民生银行南京分行的全流程服务就是以客户为中心，将柜前服务与柜中服务有机衔接起来，节省了客户时间，想得比较周到。民生银行一切以客户为中心的服务理念，促使银行处处实行礼仪化服务。礼仪化服务体现在营业窗口柜员的每个服务细节中，体现在"十字文明用语规范"、站立行坐服务姿态中，体现在递送名片、点头微笑、欠身致意、鞠躬致意、右前方礼让等礼貌举止中，力求一招一式都能标准化、规范化，让客户感到亲切、感到愉悦。

一、站姿

站姿，即站立之姿，它是人的基本仪态。

1. 标准站姿

标准站姿强调端正、庄重，具有稳定性。

从正面看，全身笔直，精神饱满，两眼平视前方，面带微笑，两肩平齐，两臂自然下垂，两手微微伸开，自然垂放在腿部两侧。两脚跟并拢，两脚尖张开45°~60°，呈"V"字形，身体重心落于两腿正中。从侧面看，两眼平视，下颌微收，挺胸收腹，腰背挺直，手中指贴裤缝，整个身体庄重挺拔。

2. 金融行业常用站姿

（1）外交官式站姿。金融行业从业者在接待客户的情况下常采用外交官式站姿。双腿微微分开，挺胸抬头，收腹立腰，双臂自然下垂，下颌微收，双目平视。

（2）服务员式站姿。金融行业从业者为客户服务时常采用服务员式站姿。挺胸直立，平视前方，双腿适度并拢，双手在腹前交叉，男性左手握住右手腕部，女性右手握住左手的手指部分，双腿均匀用力。

（3）双手背后式站姿。这种站姿是男性员工的另一种服务员式站姿。挺胸收腹，两手在身后交叉，右手搭在左手腕部，两手心向上收。

（4）体前单屈臂式站姿。这种站姿是较为自然的一种日常站立姿势，挺胸收腹，左手臂自然下垂，右臂肘关节屈，右前臂抬至中腹部，右手心向里，手指自然弯曲。

3. 金融行业男性和女性站姿的区别

作为金融行业的从业者，由于男女性别的差异，站姿的美也有一定的差异性。主要表现在其手位与脚位有时会存在一些不同。

（1）男性站姿。男性员工在站立时，要注意表现出男性刚健、潇洒、英武、强壮的风采，要力求给人一种"壮"的优美感。具体来讲，在工作中站立时，作为金融行业的男性员工在服务时应较多采用双手背后式站姿。

（2）女性站姿。女性员工在站立时，要注意表现出女性轻盈、妩媚、娴静、典雅的韵味，要努力给人以一种"静"的优美感。具体来讲，在站立时，女性员工可以将双手相握或右手在前、左手在后，二手相叠放于腹前。双脚可以呈"小八字步"或"丁字步"。

4. 不良站姿及站姿忌讳

（1）站立时，切忌无精打采或东倒西歪。

（2）站立时，双手不可叉在腰间或抱在胸前。

（3）需站立服务时，不能将身体倚靠在墙上，或倚靠其他物品作为支撑。

（4）需站立服务时，不能弯腰驼背，两肩高低不一。

（5）注意不能将手插在裤袋里，或做其他小动作。

（6）注意双臂不摆，双腿不抖，站立时双腿间宽度适当。

二、坐姿（如图3-5、图3-6所示）

图3-5　女性坐姿

图3-6　男性坐姿

在金融行业，许多从业者的业务工作都是采用坐姿的形式完成的。因此，坐姿对于金融行业从业者来说是十分重要的。俗话说"坐有坐相"，正确的坐姿不仅能给人以端庄安详之感，还会给客户传达稳重、坚实之意。

1. 标准坐姿

（1）入座时，要轻要稳，从座位的左边入左边出，只坐椅子的2/3，不宜坐满椅面或只坐边沿儿。

（2）女子入座时，若是裙装，应用手将裙子稍微拢一下；坐定后，身体重心垂直向下，上身保持正直，两眼平视，目光柔和；可将右手搭在左手上，轻放于腿面，双膝自然并拢，双腿正放或侧放，双脚并拢或交叠。

（3）男士入座后可双手掌心向下，自然地放在膝上，也可放在椅子或沙发的扶手上，双脚可略微分开。在同左右客人交谈时，应有所侧重，即上身与腿同时转向一侧。

（4）起身时，右脚向后收半步，向后站立。同样，女性起身时，若穿着裙装，应用手将裙子稍拢一下，以保持平整。

坐姿是可以变化的，只要坚持端正稳重，头、上身与四肢协调配合的原则，那么各种坐姿都是优美自然的。

2. 常见的几种变化坐姿

（1）正襟危坐式。这是传统意义上的坐姿，适用于大部分的场合，尤其是适用于正式场合。要领：上身与大腿、大腿与小腿、小腿与地面之间，都应当成直角，双膝、双脚适度并拢。

（2）大腿叠放式。这是常用的一种坐姿，但需要注意的是女性穿着短裙时不宜采用这种姿势。要领：两条腿在大腿部分叠放在一起，位于下方的一条腿垂直于地面，脚掌着地，位于上方的另一条腿的小腿适当向内收，同时脚尖向下。

（3）双脚交叉式。这也是常用的一种坐姿。要领：双脚在踝部交叉。交叉后的双脚可以内收，也可以斜放，但不宜向前方远远直伸出去。

（4）前伸后屈式。这是女性适用的一种坐姿。要领：双腿适度并拢，左腿向前伸出，右腿向后收，两脚脚掌着地。

（5）双腿斜放式。此坐姿适合女性。要领：双腿完全并拢，然后双脚向左或向右斜放，斜放后的腿部与地面约呈45°夹角。

（6）双腿叠放式。此坐姿也适合于女性。女士穿着裙装时采用这种坐姿较为优雅。要领：双腿一上一下交叠在一起，两腿之间没有间隙，双腿斜放于左侧或右侧，腿部与地面呈45°夹角，叠放在上的脚尖垂向地面。

3. 金融行业从业者的坐姿要求及应注意的事项

坐姿是金融行业从业者经常采用的姿势之一。允许采用坐姿时，员工才可以坐下；坐下后，要自觉地采用正确的坐姿。这是金融行业从业者在学习与训练坐姿时必须首先明确的两点，同时，作为金融行业的从业者还应该注意以下几个方面的问题。

（1）金融行业从业者的入座要求。

①在他人之后入座。出于礼貌，和他人一起入座或同时入座时，如果对方是自己的客户，一定要先请对方入座，切勿抢先入座。

②在适当之处就座。在大庭广众之下就座时，一定要坐在椅、凳等常规的位置。要是坐在桌子、窗台或地板上，往往是失礼的。

③在合"礼"之处就座。与他人同时就座时，应当注意座位的尊卑，并且主动将上座相让给他人。

④从座位左侧入座。如果条件允许，在就座时最好从座椅的左侧接近它。这样做既容易就座，也是一种礼貌。

⑤向周围的人致意。在就座时，如果附近坐着熟人，应该主动跟对方打招呼。即使不认识，也应该先点点头。在公共场合，要想坐在别人身旁，还必须征得对方的允许。

⑥悄无声息地就座。就座时，要减慢速度，放松动作，尽量不要坐得座椅乱响，噪音扰人。

⑦以背部接近座椅。在他人面前就座，最好背对着自己的座椅，这样就不至于背对着对方。

⑧坐下后调整体位。为使自己坐得舒适，可在坐下之后调整一下体位或整理一下衣服，但要注意这一动作不可与就座同时进行。

（2）金融行业工作人员的离座要求。

①事先说明。离开座椅时，身边如果有人在座，应该用语言或动作向对方先示意，随后方可站起身来。

②注意先后。与他人同时离座，要注意起身的先后次序。地位低于对方时，应稍后离座；地位高于对方时，则可首先离座；双方身份相似时，才可以同时起身离座。

③起身缓慢。起身离座时，最好动作轻缓，无声无息，尤其要避免"拖泥带水"，弄响座椅，或将椅垫、椅罩弄得掉在地上。

④站好再走。离开座椅后，先要采用"基本的站姿"，站定之后，方可离去。要是起身便跑，或是离座与走开同时进行，则会显得自己过于匆忙。

⑤从左离开。有可能时，站起身后，宜从左侧离去。和"左人"一样，"左出"也是一种礼节。

三、行走的姿势

行走的姿势简称走姿，也叫步态，是指一个人在行走过程中的姿势，它以人的站姿为基础，始终处于运动中。金融行业从业者在工作中如何正确地使用标准走姿，是给客户留下美好印象的关键之一。因此，学习规范的走姿是很必要的。

1. 标准走姿

标准的走姿为：上身基本保持站立的标准姿势，挺胸收腹，腰背笔直，两臂以身体为中心，前后自然摆动，前摆约35°，后摆约15°，掌心向内，起步时身子稍向前倾，重心落在前脚掌，膝部伸直，脚尖向正前方伸出，行走时双脚踩在一条线上。

2. 金融行业从业者行走时的注意事项

（1）方向明确。在行走时，必须要保持明确的行进方向，尽可能地使自己在一条直线上行走。

（2）步幅适度。在行进时，最佳的步幅应为本人的一脚之长（男子每步约40厘米，女子每步约36厘米）。与此同时，步子的大小还应当大体保持一致。

（3）速度均匀。行进速度一般应当保持相对稳定，较为均匀，每分钟走60步至100步都是比较正常的。

（4）重心放稳。正确的做法应当是：起步之时，身体微向前倾，身体的重心要落在前脚掌上，行进的整个过程都应注意使自己身体的重心随着脚步的移动不断向前移。

（5）身体协调。行进时，身体的各个部分之间必须完美地配合，要保持身体的和谐。

（6）造型优美。行进时，要保持身体整体造型的优美。要使自己在行进中保持优美的身体造型，就一定要做到昂首挺胸，步伐轻松而矫健。

3. 金融行业从业者常用的走姿

一般来说，需要金融行业从业者了解的行走姿势主要包括陪同引导、上下楼梯、进出电梯、出入房门、搀扶帮助、变向行走等。

（1）陪同引导（如图3-7所示）。金融行业从业者在自己的工作岗位上服务时，经常有机会陪同或引导客户。陪同引导客户时，通常应注意以下四点：

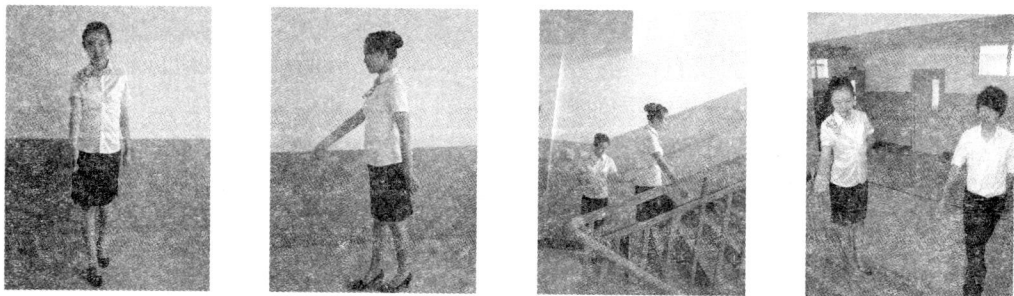

图3-7　陪同引导

①本人所处的方位。双方并排行进时，应居于客户左侧；双方前后行进时，应居于客户左前方1米左右的位置。当客户不熟悉行进方向时，一般不应请其先行，同时也不应让其走在外侧。

②协调的行进速度。在陪同引导客人时，本人行进的速度须与对方相协调。

③及时提醒。陪同引导客户时，一定要处处以对方为中心。每当经过拐角、楼梯处或路况、照明欠佳之处时，需提醒对方留意。

④采用正确的体位。陪同引导客人时，有必要采取一些特殊的体位。请对方开始行进时，应面向对方，稍许欠身。在行进中与对方交谈或答复其提问时，应将头部、上身转向对方。

（2）上下楼梯（如图3-8所示）。上下比较高的楼梯时，应当遵守相关的礼仪，特别需要注意以下三方面：

①要减少在楼梯上的停留。楼梯是人来人往之处，所以不要停在楼梯上休息、站在楼梯上与人交谈或是在楼梯上缓慢行进。

②要坚持"右上右下"原则。上下楼梯时，不能并排行走，而应当自右侧而上，自右侧而下。这样一来，有急事的人便可以快速地通过。

③要注意礼让客户。上下楼梯时，千万不要同客人抢行，出于礼貌，可请对方先行。当自己陪同引导客人时，则应上下楼梯时先行在前。

图3-8　上下楼梯

（3）进出电梯。金融行业大多数设在高楼大厦里，员工免不了经常需要使用电梯。在使用电梯时，大致应当注意以下三个问题：

①要牢记先出后进。乘电梯时，一般的规矩是：里面的人出来之后，外面的人方可进去。

②要照顾好客户。金融行业从业者在乘电梯时碰上了并不相识的客户，也要以礼相待，请对方先进先出。负责陪同引导客户时，则乘电梯时还有特殊的要求需要注意：乘坐

无人电梯时，员工须自己先进后出，以便控制电梯；乘坐有人操作的电梯时，则员工应当后进后出。

③要尊重周围的乘客。进出电梯时，大都要侧身而行，免得碰撞、踩踏别人。进入电梯后，应尽量站在里边。人多时，最好面向内侧，或与他人侧身相向。下电梯前要做好准备，提前换位置到电梯门口。

（4）出入房门。进入或离开房间时，应注意如下细节：

①要先通报。在出入房间时，尤其是在进入房间前，一定要采取敲门/按铃的方式，向房间内的人进行通报。

②要以手开关门。出入房门时，务必要用手来开门或关门。

③要面向他人。出入房间，特别是在出入一个较小的房间，而房内又有自己的熟悉之人时，最好是反手关门，并且始终注意面向对方，而不是把背部朝向对方。

④要后入后出。与他人一起先后出入房间时，为了表示自己的礼貌，一般应当自己后进门、后出门，而请对方先进门、先出门。

⑤要为人拉门。在陪同引导他人时，金融行业从业者还有义务在出入房间时替对方拉门。

（5）变向行走。在行进中，人们经常需要变换自己的行进方向。金融行业员工所采用的变向行走，主要包括除常规前行之外的后退、侧行、前行转身、后退转身等。

①后退。后退时扭头就走是失礼的，可采用先面向他人后退几步再转身离去的做法。通常面向他人后退至少两步，后退时步幅宜小，脚宜轻擦地面，转身时，应身先头后。

②侧行。在行进时，有两种情况需要侧身而行。一是与同行者交谈时。此时上身宜转向交谈对象，距对方较远一侧的肩部朝前，距对方较近一侧的肩部稍后，身体与对方身体之间保持一定距离。二是与他人狭路相逢时，此刻宜两肩一前一后，胸部转向对方，而不应背向对方。

③前行转身。它又分为两种：一是在前行中向右转身；二是前行中向左转身。

④后退转身。它分为三种：一是后退右转，先退行几步后，以左脚掌为轴心，向右转体90°，同时向右迈出右脚。二是后退左转，与后退右转相反。三是后退后转，先退几步，以左脚为轴心，向右转体180°，然后迈出右脚；或是以右脚为轴心，向左转体180°，然后迈出左脚。

知识链接 3-5

不良的步态和走姿忌讳

（1）行走时切忌摇头晃脑或左顾右盼。

（2）行进中身体重心不能太过前倾，使人看上去步态不稳，也不要太过后"坐"，给人拖着步子走路的感觉。

（3）走路脚尖始终超前，内八字或外八字都会引起步态的晃动，看上去极为不雅观。

（4）走交叉步时，臀部摆动应自然，幅度不要过大，更不得扭腰。

（5）双手摆动应自然，不要将双手贴着裤缝走路，这样会使步态显得僵硬。

四、蹲姿

蹲姿是由站立的姿势转变为两腿弯曲和身体高度下降的姿势。金融行业从业者在日常生活和工作中低处取物品或捡拾地上东西时，必须要注意采取正确的蹲姿。

1. 标准的蹲姿

蹲姿的基本要领是：站在所取物品的旁边，屈膝蹲下去拿，而不宜低头，也不宜弓背，要慢慢地使腰部降低；两腿合力支撑身体，掌握好身体的重心，臀部向下。

2. 两种优雅的蹲姿

（1）交叉式蹲姿。下蹲时右脚在前，左脚在后，右小腿垂直于地面，脚掌着地；左腿在后与右腿交叉重叠，左膝由后面伸向右侧，左脚跟抬起，脚掌着地。两腿靠紧，合力支撑身体。臀部向下，上身稍前倾。

（2）高低式蹲姿。下蹲时右脚在前，左脚稍后（不重叠），两腿靠紧向下蹲；左脚脚掌着地，小腿基本垂直于地面，右脚脚跟提起，脚掌着地。右膝低于左膝，左膝内侧靠于左小腿内侧，形成左膝高右膝低的姿态；臀部向下，基本上以右腿支撑身体。男士选用这种蹲姿时，两腿之间可有适当距离。

五、微笑

达·芬奇的《蒙娜丽莎》给人以美的享受，使人们充满对真善美的渴望，让人回味无穷。微笑是一种特殊的语言——"情绪语言"。它可以和有声语言及行动相配合，发挥"互补"作用，沟通人们的心灵，架起友谊的桥梁。

【案例3-4】

小王作为一个保险工作人员，平时很注意微笑训练，与客户见面时表现得从容、大方、得体，因此在进行简单的交谈后很快就能与客户签订合同。客户对他的评价是：该工作人员修养好、素质高，而小王自己则说这份合同是用自己的微笑与对方签订的。

案例分析：这个案例说明了在金融行业的服务工作中，工作人员向客户展现优雅真诚的微笑，不仅仅是客户至上服务理念的最好表达，更是专业自信的诠释。微笑是服务的润滑剂，能融洽和客户之间的关系；微笑是催化剂，能改善和客户的沟通；微笑是金融优质服务的名片，能塑造工作人员及企业的良好形象。

1. 微笑的标准

（1）微笑的主要特征。面含笑意，但笑容不过于显著。一般情况下，人在微笑时，是不闻其笑声、不见其牙齿的。

（2）微笑的基本训练方法。先要放松自己的面部肌肉，然后使自己的嘴角微微向上扬起，让嘴唇略呈弧形。最后，在不牵动鼻子、不发出笑声、不露出牙齿，尤其是不露出牙龈的前提下，轻轻一笑。

（3）微笑的规范。一般要注意以下四个结合：

一是口合。要口到、眼到、神色到，笑眼传神，微笑才能扣人心弦。

二是笑与神情、气质相结合。讲究笑得适时、尽兴，笑出自己的神情、神色、神态，做到情绪饱满，神采奕奕；笑出感情，笑得亲切、甜美，反映美好的心灵；笑出谦逊、稳重、大方、得体的良好气质。

三是笑与语言相结合。语言和微笑都是传播信息的重要符号，只有注意微笑与美好语言相结合，声情并茂，相得益彰，微笑方能发挥出它应有的特殊功能。

四是笑与仪表、举止相结合。以笑助姿、以笑促姿，形成完整、统一、和谐的美。

2. 金融行业从业者微笑的重要性

金融行业从业者在工作岗位上一般都应当满面笑容，为服务对象创造出一种轻松愉快的氛围，使其在享受服务的整个过程之中感到愉快、欢乐和喜悦，同时也表现出本企业对客户的重视与照顾。在工作岗位上满面笑容地面对服务对象，对于金融行业从业者来说具有重要意义。

（1）微笑可以调节情绪。在工作岗位以微笑面对客户，既可以创造出一种和谐融洽的现场气氛，又可以感染客户，使其感受愉快和温暖，并在一定程度上驱散其烦恼或忧郁。

（2）微笑可以消除隔阂。人际交往中难免产生隔阂，金融行业自然也不例外。微笑乃是友谊之桥，在一般情况下，当人与人之间产生纠葛时，一方若能以微笑面对另一方，则往往不会进一步激化矛盾。有时，这样做还可以化解双方的矛盾或误会。

（3）微笑也可以获取回报。微笑是人际交往中的一种润滑剂，服务人员在工作中若能始终面带微笑，以微笑开始，以微笑结束，必然会赢得客户的赏识，获得良好的服务效果。

（4）微笑更重要的是有益身心健康。对于金融行业从业者而言，微笑不仅可以悦人，而且也能益己。微笑对于自己最大的好处，是可在为自己营造良好人际关系的同时，促进个人的身心健康。笑口常开的人，往往会给自己一种心理暗示，并产生积极的反馈，使自己活得开心快乐。

知识链接 3-6

金融行业训练微笑的方法

1. 笑型嘴角训练

（1）把手举到面前。

（2）双手向外做"拉"的动作，一边想象笑的形象，一边使嘴做笑的动作。

（3）手指放在嘴角并向脸的上方轻轻一提。

（4）一边上提，一边使嘴角充满笑意。

2. 咬筷子训练

用门牙轻轻地咬住筷子，嘴角对准筷子，两边都要翘起，并观察连接嘴唇两端的线是否与筷子在同一水平线上，露出 6~8 颗牙齿，保持这个状态 10 秒。在此状态下，轻轻地拔出筷子，练习维持当时的状态。

3. 眼神的训练

微笑的眼神所传递的情感比嘴角的微笑更优雅及震撼。训练者可两人一组，用白纸蒙住眼睛以下的面部，调整状态，努力让自己"笑出来"，而不发出声音，让对方看见自己眼角的抖动为佳，记住这种眼神微笑的状态，并不断练习。

? 思考与训练 3-3

1. 用一张纸挡住眼睛下面的部分，试着从你的眼睛里看到微笑的表情，练习"眼中含笑"。

2. 不好意思张开嘴，露出牙吗？拿一根筷子用牙咬住，看看自己是不是露出了微笑的表情。

六、手势

手势是语言的延伸，在很多时候可以强化语言表达的含义，但手势的运用也需综合考虑。

1. 金融行业对于手势的使用要求

金融行业对于手势的使用要求是准确、规范、适度。

（1）准确。在现实生活中，为避免手势使用不当引发交际双方沟通障碍甚至误解，必须注意手势使用的准确性。使用不同的手势，表达不同的意思，并且手势与语言表达的意思应一致。

（2）规范。在一定的社会背景下，每一个手势（如"介绍"的手势、"递名片"的手势、"请"的手势、"鼓掌"的手势等）都有其约定俗成的动作和要求，不能乱加使用，以免产生误解，引起不必要的麻烦。

（3）适度。与人交谈时，可随谈话的内容做一定的手势，这样有助于双方的沟通，但手势的幅度不宜过大，以免适得其反，显得粗俗无修养。同时，手势的使用也应有所限制，并非多多益善。

2. 金融行业从业者常用的手势

（1）介绍来宾、引导客人时常用的手势。

①横摆式，迎客人时，表示"请"的意思。

②斜臂式，请客人就座、看商品时使用。

③直臂式，给客人指方向时使用。

④曲臂式，在横摆式的基础上，用另一只手表示请或指方向。

⑤双臂横摆式，在举行重大庆典活动时，向众多来宾表示"请"或"指方向"时用。

这些手势的运用，通常要有一个摆动过程，动作的规律是：欲扬先抑、欲左先右、欲上先下。同时，注意与面部表情和身体其他部位动作相配合。

（2）举手致意与挥手道别。举手致意与挥手道别时，手势的运用有其特殊性。

举手致意的正确做法是：

①全身直立，面带微笑，目视对方，略微点头。

②手臂轻缓地由下而上，向侧上方伸出，手臂可全部伸直，也可稍有弯曲。

③致意时伸开手掌，掌心向外，指尖指向上方。

④手臂不要向左右两侧来回摆动。

挥手道别也是人际交往中的常规手势，采用这一手势的正确做法是：

①身体站直，不要摇晃和走动。

②目视对方，不要东张西望，眼看别处。

③可用右手，也可双手并用，不要只用左手挥动。

④手臂尽力向上前伸，不要伸得太低或过分弯曲。

⑤掌心向外，指尖朝上，手臂向左右挥动；用双手道别，两手同时由外侧向内侧挥动，不要上下摇动或举而不动。

（3）递接物品。递接物品虽然是日常生活中的小动作，但在金融行业工作中却也会经常使用，如递交文件、图书、名片及一些常用的小物品等。递接物品的原则是尊重他人，当然，递接物品的方法也需讲究。

①双手为宜。有可能时，双手递物最佳。不方便双手并用时，也要采用右手。

②递入手中。递给他人的物品，以直接交到对方手中为好。不到万不得已，最好不要将所递物品放在别处。

③主动上前。若双方相距过远，递物者理当主动走近接物者，假如自己坐着，还应尽量在递物时起身站立。

④方便接拿。在递物时，应为对方留出便于接取物品的地方，不要让其感到接物时无从下手。将带有文字的物品递交他人时，需使其正面面对对方。

⑤尖、刃向内。将带尖、刃或其他易伤人的物品递与他人时，切勿以尖、刃直指对方，应当使其朝向自己，或是朝向别处。

⑥接取物品时，应当目视对方，而不要只顾注视物品，一定要用双手或右手。必要时，应当起身而立，并主动走近对方。当对方递过物品时，切勿急不可待地直接从对方手中抢取物品。

（4）展示物品。在展示物品时，有以下三点需要注意：

①便于观看。展示物品时，一定要方便现场的观众观看，一定要将被展示物品正面面对观众，举至一定高度；当四周皆有观众时，展示物品还需变换不同角度。

②操作标准。在展示物品时，如果需要动手操作，应符合有关标准。手法应干净利索，速度适宜，并经常进行必要的重复。

③手位正确。在展示物品时，一般有四种手位。将物品举至高于双眼之处，这一手位适于被人围观时采用；将物品举至双臂横伸时自肩至肘之处，其上不过眼部，下不过胸部，这一手位易于给人以稳定感；将物品举至双臂横伸时肘部以外，上不过眼部，下不过胸部，这一手位便于他人看清展示物品；将物品举至胸部以下，这一手位显得不够大方。

？思考与训练 3-4

1. 以小组为单位，采用标准的动作姿势演示工作中如何递接名片。

2. 以小组为单位，采用标准的动作姿势演示工作中如何展示物品。

◉ 本章小结 ◉

礼仪是礼节与仪表的有机结合。礼节是指人们在人际交往中能否彬彬有礼地对待他人。而仪表则是指人们在社交活动中，展现给其他人的服饰、妆容、态度等一系列的外在因素。对于金融行业从业者而言，良好的形象、优雅的举止是开展业务活动的桥梁和纽带。因此本章学习的仪容礼仪、服饰礼仪、服务仪态礼仪对于树立良好的形象，顺利开展业务活动将起到至关重要的作用。

◉ 本章复习题 ◉

一、简答题

1. 仪容修饰的基本常识与技巧是什么？

2. 金融行业从业者的化妆原则和禁忌是什么？

3. 简述金融行业从业者服饰打扮的原则和要求。

4. 金融行业工作制服的穿着礼仪可以通过哪些方面表现出来？

5. 男士西服的种类和搭配要求是什么？

6. 女士套装的着装要点有哪些？

7. 作为金融行业从业者，装饰物的佩戴应该遵循哪些原则？

8. 标准站姿的要点有哪些？

9. 金融行业常用的站姿有哪几种？

10. 坐姿的要点有哪些？

11. 几种常见的变化坐姿有哪些？

12. 行走姿势的要点有哪些？

13. 金融行业常用走姿有哪些？

14. 标准的蹲姿要点有哪些？

15. 微笑的主要特征和基本方法是什么？

16. 使用手势的要求是什么？

17. 金融行业从业者常用的手势有哪些？

二、实训题

齐雪是某中专金融事务专业的一名毕业生，在校期间学习成绩优异，注重专业技能训练，先后取得了珠算四级证书、保险代理人从业资格证。毕业时，一家保险公司来学校招聘保险业务员，她很想得到这份工作。面试前，她对自己的着装仪表进行了精心的准备。面试时，她沉着、自信，面带微笑地走进面试房间，走到主考官面前，被示意坐下后，进行了短暂的交流，然后离开。主考官从齐雪的着装仪表、进门时的走路姿态、神情以及面试时的坐姿、举止，最后决定录用她。

[实训要求]

1. 将学生6人分为一组，讨论面试时应该克服哪些不良的坐姿？要求在实训教室进行现场分析并加以纠正。

2. 根据入座、就座、离座的要领，分组在实训室现场展示入座、就座、离座姿态，并由其他学生进行分析，教师加以点评。

3. 以小组为单位，进行优雅步态的练习，要求逐个从实训室的门口进入，一直走到实训室正中央的位置，然后进行分析点评。

4. 从一个面试者的角度来展示站姿、坐姿和走姿。

5. 在实训室正中间布置一个面试场景，在一侧安排5人就座，充当面试主考官；另一侧放1把椅子，供面试者使用。

［实训提示］

1. 注意面试时的着装仪表，女士着职业套装、化职业淡妆，男士着西服。

2. 入座的姿态、方式；就座时注意腰部、双膝、臀部的规范；离座的姿态、方式。

3. 注意会谈、聆听过程中的不同坐姿变化。

4. 掌握走路时的要领，注意面部表情、上身姿态、步幅、步态和步韵，始终保持自信的表情，展现朝气蓬勃、积极向上的精神风貌。

第四章

金融行业公务礼仪

导言

　　金融行业公务礼仪是金融业从业者在从事公务活动时必须遵守的行为规范和活动准则。它是金融行业形象和个人文明道德修养的外在表现形式。金融行业公务礼仪包括会面礼仪、办公室礼仪、接待拜访礼仪、宴请和会议礼仪。熟练掌握金融行业公务礼仪，有助于维护塑造良好的金融机构形象和个人的职业形象，有助于建立良好的人际关系，提高工作效率，有助于实现金融企业的工作目标。

　　本章将着重介绍会面礼仪、办公室礼仪、接待礼仪、拜访礼仪、宴请礼仪和会议礼仪。

第一节　金融行业会面礼仪

　　社交的起因在于人们生活的单调和空虚。社交的需要驱使他们来到一起，但各自具有的许多令人厌憎的品行又驱使他们分开。终于，他们找到了能彼此容忍的适当距离，那就是礼貌。

——叔本华

　　会面礼仪，是指在日常交往和工作中经常使用的，适用范围较广的日常礼仪。无论是出于公务、结交朋友，还是其他的愿望，人们总是怀着既定的目标与人交往。会面礼仪对于成功的金融工作者来说，其意义是极其深远的，它会使人拥有健康、开朗、豁达、自信的心理，营造和谐而丰富的人际关系，从而使人拥有更多成功的机会，当然，也有利于塑造良好的金融机构形象，实现金融企业的工作目标。

常见的会面礼仪主要有称谓礼仪、介绍礼仪、交谈礼仪等。

一、称谓礼仪

【案例4-1】

中专毕业的李小欣找到了一份工作，领导带她熟悉工作环境，并介绍给部门的同事认识，她非常恭敬地称对方为老师，大多数同事都欣然接受了。当领导把她带到一位同事面前，并告诉小欣以后就跟着这位同事学习，有什么不懂的就请教她时，小欣更加恭敬地称对方为老师，这位同事连忙摇头说："大家都是同事，别那么客气，直接叫我名字就行。"小欣仔细想想，觉得叫老师显得太生疏，但是直接叫名字又觉得不尊敬，不知道该怎么称呼对方比较合适。

案例分析：新员工刚到单位时，不能随便以自己的想法来称呼对方，对于难以把握的称呼，可以先询问对方，比如，"我该怎么称呼您？"不知者不怪，对方通常会把同事对他的称呼告诉你。案例中，对方要求小欣直呼姓名只是客套话，作为一位新人，最好不要直呼其名，可以礼貌地询问对方。在职场上，过分亲昵和过分生疏的称呼都是不提倡的。因此，我们要把握好称呼这门学问，在职业道路上做一名有礼貌的好员工。

1. 称谓礼仪的含义

称谓即称呼，主要是指人们在交往过程中彼此的称谓语，它表示人与人之间的关系。一声得体又充满感情的称呼，不仅体现出称谓人的文化和礼仪修养，也会使交往对象感到愉快、亲切，促进双方感情的交融，为以后的深层交往打下良好基础。因此，有人把称呼比作是交谈前的"敲门砖"，它在一定程度上决定了社会交往的成功与否。尊重一个人，首先要从尊重一个人的姓名并始，从有礼貌的、友好的称呼开始。这对于展示金融行业从业者的风度，形成良好的人际关系和社会风尚都是十分重要的。

2. 称呼的几种方式

在正式的交往场合，称呼应当庄重、规范、得体，以表示对称呼对象的尊重和友好。经常选用的称呼主要有以下几种：

（1）泛尊称。这种称呼几乎适合于各种社交场合。对男子一般称"先生"，对女子称为"夫人"、"小姐"、"女士"。应该注意的是，在称呼女子时，要注意判断其婚姻状况，已婚的女子称"夫人"，未婚女子称"小姐"，对不知婚否和难以判断的，可以称之为"女士"。在一些国家，"阁下"一词也可以作为泛尊称使用。

泛尊称可以同姓名、姓氏和行业性称呼分别组合在一起，在正式的场合使用，如"克林顿先生"、"玛格丽特·撒切尔夫人"、"经理先生"、"秘书小姐"等。

（2）职务称。在公务活动中，可以以对方的职务相称。例如，"大客户部经理"、"客服中心主任"等。职务性称呼还可以同泛尊称、姓名、姓氏分别组合在一起使用。例如，"周总理"、"部长先生"等。

（3）职衔称。这些职衔性称呼还可以同姓名、姓氏和泛尊称分别组合在一起在正式场合使用。例如，"乔治·马歇尔经济师"、"卡特分析师"、"秦会计师"等。

（4）职业称。对不同行业的人士，以被称呼者的职业作为称呼。例如，"老师"、"教练"、"警官"、"医生"等。在这些职业称呼前面，还可以同姓名、姓氏分别组合在一起使用，如"李老师"、"王强警官"等。

（5）姓名称。在一般性场合，彼此比较熟悉的人之间，可以直接称呼他人的姓名或姓氏。例如，"乔治·史密斯"、"张志刚"等。中国人为表示亲切，还习惯在被称呼者的姓前面加上"老"、"大"或"小"等字，而免称其名，如"老王"、"小张"。更加亲密者，往往不称其姓，而只呼其名，如"志刚"、"卫东"等。

（6）特殊性的称呼。对于君主制国家的王室成员和神职人员应该用专门的称呼。如在君主制国家，应称国王或王后为"陛下"；称王子、公主、亲王等为"殿下"；有爵位的应称"阁下"。对神职人员应根据其身份称为"教皇"、"主教"、"神父"、"牧师"等。

除以上常用的称呼外，在交往中还有以"你"、"您"相称的"代词称"和亲属之间的"亲属称"。社会主义国家和兄弟党之间，人们还以"同志"相称。

（7）敬语和谦称。要特别注意敬语和谦称的正确使用。

①称呼别人要用敬语。如"您"，这是使用频率最高，应用范围最广的敬语。其他常用的还有："贵"、"贵公司"、"贵行"；"令"、"令尊"、"令堂"、"令公子"；"老"、"您老"、"郭老"；"阁下"、"总统阁下"、"将军阁下"等。

②称呼自己一般用谦称。称自己的长辈前面加"家"，如"家父"、"家母"；称自己的小辈前面加"小"字，如"小女"；同辈之间自称则冠以"愚"字，如"愚兄"、"愚弟"；在前辈面前自称"晚辈"、"在下"，或者在自己的姓氏前加"小"字，如张姓年轻人可自称为"小张"；称自己单位为"敝公司"。

知识链接 4-1

外国人名字的构成

各国人民的姓名有很大的不同，除文字的区别外，在姓名的组成、排列的顺序、名字的意义等方面都不一样。按姓名的构成和排列的顺序大致可以分为三种情况。

（1）前姓后名。姓名的结构和排列顺序与我国基本相同。日本的名，常见多为四个字组成，如"福田赳夫"、"小泽一郎"。前面两个字为姓，后面两个字为名。为了避免差错，与日本人交往，一定要了解姓名中哪部分是姓，哪部分是名。正式场合，应把姓与名分开书写；日常交往时，往往只称其姓，在正式场合，才使用全称。需要注意的是，日本女性一般在婚前使用父姓，婚后使用夫姓，本人名字则一直不变。

姓名结构为前姓后名的国家还有韩国、朝鲜、越南、柬埔寨、匈牙利等国家。

（2）前名后姓。在英国、美国、加拿大、澳大利亚等英语系国家，人们的姓名一般由两部分组成，通常名字在前，姓氏在后。例如，比尔·克林顿，比尔是名，克林顿是姓。女子结婚前一般都用自己的姓名，结婚以后，姓名一般是自己的名加上丈夫的姓。在交往中，日常只称其姓，加上"先生"、"小姐"等，而在正式场合，则直呼其姓名全称，并加上"先生"、"夫人"等等。

法国人的姓名一般由两节或三节组成，前一、二节为个人名字，最后一节为姓。西班牙人的姓名常由三、四节组成，前一、二节为本人名字，倒数第二节为父姓，最后一节为母姓。俄罗斯人姓名由三节组成，分别为名字·父名·姓。阿拉伯人的姓名由四节组成，分别为本人名字·父名·祖父名·姓。另外，泰国等国民众的姓名也是名字在前，姓氏在后的排列顺序。

（3）有名无姓。姓名结构只有名而无姓的人以缅甸、印度尼西亚等国居多。常见缅甸人名字前的"吴"不是姓,而是一种尊称,是"先生"的意思。缅甸人名字前常冠以表示性别、长幼、地位的字或词,如"杜"意为女士,"玛"意为姐妹,"郭"意为平辈,"哥"意为兄弟,"波"意为军官,"塞耶"意为老师。假设一个缅甸男子名"刚",同辈称他为"哥刚",如果有一定社会地位则会被称为"吴刚",如果是军官,则会被称为"波刚"。

二、介绍礼仪

【案例4-2】

在一次宴会上,有一位喝醉酒的客人指着对面桌子上的一位女士说:"那个女的长得太丑了,好恶心。"主人生气地说:"那是我夫人。"客人慌忙掩饰说:"不是她,是她旁边的那位。"主人愤怒地说:"那是我女儿。"客人很尴尬,一时语塞而无法开口了。

案例分析:该案例中,宴会的主人没有事先向来宾介绍自己的家人,导致了误会的发生,造成了宾客的尴尬。在人际交往中,介绍可以缩短人与人之间的距离,也可以增进彼此之间的了解,消除不必要的误会和麻烦。

介绍是一切社交活动的开始,是人际交往中与他人沟通、建立联系、增进了解的一种最基本、最常见的形式。对于金融行业而言,特别是当需要吸纳社会闲置资金时,多一个朋友就多一条门路,所以掌握良好的介绍礼仪是结识新朋友时出示的最好的名片。

1. 介绍的类型

由于介绍人的不同,介绍可以分为自我介绍、他人介绍和集体介绍三种类型。

(1)自我介绍。自我介绍根据不同场合、不同对象和实际需要,应该具有鲜明的针对性,不能千人一面,一概而论。

①应酬式的自我介绍。此类自我介绍应该简单明了,只介绍一下姓名即可,比如在公司年度晚宴上,你只需介绍:"您好!我是×××!"

②工作式的自我介绍。除介绍姓名外,还应介绍工作单位和从事的具体工作。例如,在和另一个公司进行同业拆借协议签约时,你可以这样介绍自己:"您好!我是××资产管理公司的×××,主要负责这次协议的签署。"

③社交式的自我介绍。此类自我介绍需要进一步的交流和沟通,在介绍姓名、单位和工作的基础上,进一步介绍兴趣、爱好、经历、与交往对象的某些熟人的关系等,以便加深了解,建立情谊。例如,在两家公司的鸡尾酒会上,你很想结交对方公司的职员,你不妨这样介绍自己:"你好!我是××保险公司的投资顾问×××!我特别喜欢在好的天气进行户外运动,有时间我邀请你一块去吧!如果你乐意的话……"

另外,自我介绍时需要把握以下原则:

第一,自我介绍要把握好时间,既要选择适当的时机,又要简洁明了,切不可信口开河、不得要领。

第二,自我介绍还要把握好态度,要实事求是。既不要过分谦虚,也不要自吹自擂、夸大其词。作自我介绍时要面带微笑,善于用眼神去表达自己的友善和关切,语气自然、语速正常、语言清晰、从容不迫。

(2)他人介绍。他人介绍,又称第三者介绍,是指由第三者为彼此不相识的双方相互介绍、引荐的一种介绍方法。他人介绍应该坚持受尊敬的一方有了解对方的优先权这一原则,严格遵守介绍的先后顺序。

①把男士介绍给女士。

②把职位低的人介绍给职位高的人。

③把晚辈介绍给长辈。

④把自己介绍给客户。

（3）集体介绍。集体介绍是他人介绍的一种特殊形式，是指介绍者在为他人介绍时，被介绍者其中一方或者双方不止一个人，甚至是许多人。在需要作集体介绍时，原则上应参照他人介绍的顺序进行。由于在正式活动中和隆重的场合，介绍顺序是个礼节性极强的问题，在作集体介绍时，应根据具体情况慎重对待。

①将一人介绍给大家。当被介绍双方地位、身份大致相似时，应使一人礼让多数人，人数少的一方礼让人数多的一方，先介绍一人或少数的一方，再介绍人数较多的一方或多数人。

②将大家介绍给一人。当被介绍双方的地位、身份存在明显的差异，地位、身份明显高者为一个人或人数少的一方时，应先向其介绍人数多的一方，再介绍地位、身份高的一方。

③人数较多时的双方介绍。被介绍双方均为多数人时，应先介绍位卑的一方，后介绍位尊的一方，并遵循先介绍主方，后介绍客方的顺序。介绍客方人员时，则应由尊到卑，依次进行。

④人数较多的多方介绍。当被介绍者不止双方，而是多方时，应根据合乎礼仪的顺序，确定各方的尊卑，由尊而卑，按顺序介绍各方。如果需要介绍各方的成员时，也应按由尊到卑的顺序，依次介绍。

2. 交换名片

当代社会中，不论是私人交往，还是公务交往，名片是最经济实惠、最通用的介绍媒介，常被称作自我的"介绍信"和社交的"联谊卡"，具有证明身份、广交朋友、联络感情、表达情谊的多种功能。在金融行业也是如此，在交往中怎样让他人很快联系到你，或者让你的客户在最需要你的时候能得到你的帮助，一张小小的名片将发挥至关重要的作用。

为了使名片在人际交往中更好地发挥作用，金融行业从业者要规范地使用名片，讲究交换名片的礼仪。

（1）递送名片的礼仪。参加各种正式的活动，应当随身准备好名片并放入专门的名片夹中，装在易于取出的口袋里。

①递送名片的动作要领：需要递送名片时，应起身站立，走到对方面前，面带微笑，眼睛友好地目视对方，用双手或者右手将正面面向对方的名片恭敬地递送过去，同时配以口头的介绍和问候。

②同时向多人递送本人名片时，可按由尊及卑或由近及远的顺序，依次递送。对以独立身份参加活动的来宾，均应同样递送名片，不可只给领导和女士，给人以厚此薄彼的感觉。

③递送名片的禁忌：递送名片时，不能一边自我介绍，一边到处翻找自己的名片，或者把一叠名片全掏出来，慢腾腾地翻找自己的名片，显得心不在焉。更不可漫不经心地乱翻一气，尤其忌讳向一个人重复递送名片。

知识链接4-2

西方国家递送名片的规矩

（1）一个男子去访问一个家庭时，如果想递送名片，就要分别给男、女主人各一张，再给这个家庭中超过18岁的女性一张，但决不在同一个地方留下三张以上的名片。

（2）一个女子去别人家做客，如果想递送名片，应给这个家庭中超过18岁的女性每个人一张，但不要给男子名片。

（3）如果拜访人事先没有约定，也不想受到会见，只想表示一下敬意，可以把名片递给任何来开门的人，请他转交主人。如果主人亲自开门并邀请进去，也只应稍坐片刻，将名片放在桌上，不可以直接递到女主人手里。

（2）接受名片的礼仪。接受他人名片时应当毕恭毕敬，双手捧接或者用右手接，眼睛友好地注视对方，口称"感谢"，使对方感受到你对他的尊重。接过名片后，应捧在面前，从头到尾认真地看一遍，最好能将对方姓名、职务/职称轻声地读出来，以示敬重。看不明白的地方可以向对方请教。

将对方的名片收藏于自己的名片夹或口袋里后，应随之递上自己的名片。如果接受了对方的名片，而不递上自己的名片，也不说明一下原因，是非常失礼的。

接受名片的禁忌：接受了对方的名片，看也不看一眼就装入口袋，或者随手放在一旁，压上其他东西，或者把对方的名片拿在手里随意摆弄，都会被对方认为是一种不恭。另外，社交中最忌讳用左手递送和接受名片，交换名片时要特别加以注意。

？ 思考与训练4-1

1. 虽然经过一段时间的交往，同学们已经相互认识了。但是，彼此之间可能还不是非常了解。请重新在全班同学面前做个自我介绍，要让同学们更深入地了解你哦！

2. 给自己设计一张个性化的名片吧！

3. 握手礼

（1）握手的时机。

握手礼多用于见面时的问候与致意。对久别重逢和多日未见的老朋友，以握手方式表示对对方的关心和问候；人们彼此之间经过他人介绍相识，通过握手，向对方表示友好和愿意与对方结识的心情；告别时，以握手方式感谢对方，表示愿意保持联系、再次见面的愿望。除此之外，握手礼还是一种祝贺、感谢、理解、慰问、支持和鼓励的表示。

（2）握手的次序。

①握手的次序原则。根据礼仪规范，握手时伸手的先后顺序是由握手人双方所处的社会地位、年龄、性别等各种条件决定的。握手应遵守"尊者决定"的原则，即握手者首先确定双方彼此身份的尊卑，由位尊者先行伸手，位卑者予以响应。

②握手双方伸手的先后顺序。年长者与年轻者相互握手，年长者应先伸出手来，年轻者方可伸手握之；位尊者与位卑者相互握手，位尊者应先伸出手来，位卑者方可伸手握之；女士与男士相互握手，女士应先伸出手来，男士方可伸手握之；已婚者与未婚者相互握手，已婚者应先伸出手来，未婚者方可伸手握之；等等。

③金融行业握手顺序。金融行业从业者在金融活动中握手时，伸手的先后顺序主要取

决于职位和身份。接待来访客户，当客户抵达时，应由我们先伸手与客户握手表示"欢迎"。当客户告辞时，则应由客户先伸手与我们握手表示"再见"。

（3）握手的方式。

①握手时要注意姿势。正确的姿势是：在行握手礼时，至距握手对象约1米处，双腿立正，上身略向前倾，自然伸出右手。四指并拢，拇指张开与对方相握。握手时用力应适度，上下稍许晃动三四次，然后松开手，恢复原状。与他人握手，一般应起身站立，除非是长辈或女士。单手相握是最普通的握手方式，有时也可用双手，表示一种特别的热情或尊敬。双手握一般只适用于年轻者对年长者，位卑者对位尊者，男士对女士一般不用这种礼节。

②握手时要注意神态。与人握手时，神态应专注、热情、友好、自然。握手前，双方可打招呼或点头示意。握手时，应面带微笑，目视对方双眼，并且寒暄致意，表现出关注、热情和友好之意。在握手时切勿显得三心二意、敷衍了事、漫不经心、傲慢冷淡。

③握手时要把握好力度。为表示对交往对象的热情友好，握手时可以稍许用力，但切不可过大。遇到亲朋故旧，握手时用力可以稍大一些。但与异性和初次相识者握手时，用力千万不可过大。用力的大小，要因人而异，把握好分寸，适度为好。

④握手时要掌握好时间。与他人握手的时间不宜过长或过短。握手时间过短，给人以应付、走过场的感觉；握手时间过长，尤其是握住异性和初相识者的手时间过长，是失礼的表现。正常情况下，握手的全部时间应控制在3秒钟以内。

？思考与训练4-2

我们经常使用握手礼，可是我们使用得真的正确吗？请同学们互相使用握手礼，体会握手礼使用的要点。

三、交谈礼仪

交谈是日常金融活动中传播信息的重要手段。它以语言为媒介，使金融行业从业者与客户得以沟通，进而通过沟通实施公关活动。因此，交谈中是否注意礼节，语言运用是否得当，直接关系到信息沟通的效果。在日常交往中，要求以语言的"礼"吸引人，以语言的"美"说服人。

1. 交谈的基本规范

（1）谈话的姿态要端正。不论是站姿还是坐姿，和别人说话时一定要保持姿态端正，眼睛看着对方。切不可东倒西歪、懒懒散散，给人以不重视、不礼貌的不良印象。

（2）保持合理的谈话距离。在谈话中，保持合理的谈话距离对于获得较好的谈话效果非常重要。距离太远，会使谈话双方产生距离感，使对方觉得生分而疏远；距离太近，会让人感觉紧张、不自在，有拘束感，同样影响谈话效果。

知识链接4-3

人际交往的四个"界域"

美国西北大学人类学教授爱德华·T.霍尔博士在他的《人体近身学》中提出了广为人知的四个界域：亲密距离、个人距离、社交距离、公众距离。

（1）亲密距离（0~45厘米）。它是人际交往的最短距离，适合亲朋、夫妻和恋人之间拥抱、搂吻，但不适用于社交场合。

（2）个人距离（46~120厘米）。这是朋友、熟人等交际时保持的距离，适合握手、相互交谈。

（3）社交距离（121~360厘米）。主要适合于礼节性或社交性的正式交往，多用于商务洽谈、接见来访或同事交谈等。

（4）公众距离（360厘米以上）。这是在较大公共场合与陌生人之间所保持的距离，适合于作报告、演讲等场合。

（3）注意谈话的态度。交谈时表情要自然，要充满自信。态度要诚恳、谦逊，语言表达要得体。手势不要过多，不扭捏造作，不粗暴无礼。

（4）恰当地称呼他人，及时地肯定对方。在谈话过程中，当双方的观点出现类似或基本一致的情况时，谈话者应迅速抓住时机，用赞美的言词中肯地肯定这些共同点。赞同、肯定的语言在交谈中常常会产生异乎寻常的积极作用。当交谈一方适时中肯地确认另一方的观点之后，会使整个交谈气氛变得活跃、和谐起来，进而十分微妙地将心理距离拉近。当对方赞同或肯定己方的意见或观点时，己方应以动作、语言进行反馈交流。这种有来有往的双向交流，便于谈话双方融洽交流气氛，从而为达成一致协议奠定良好的基础。

（5）注意语速、语调和音量。陈述意见时要尽量做到语速平稳。在特定的场合下，可以通过改变语速来引起对方的注意，加强表达的效果。一般问题的阐述应使用正常的语调，并保持能让对方清晰听见而不引起反感的高低适中的音量。

（6）选择谈话的主题和内容。谈话时要注意选择有益的主题，并围绕主题进行交流。与人交谈的内容要真诚实在，实事求是，不口若悬河，不夸大其词。在金融活动中，尤其要注意谈话时要把表达的意思说清楚，尽量让客户明白你的意图，客户才有可能按你的意愿做事，不要吞吞吐吐，说一些似是而非的话。另外，谈话内容不能弄虚作假，要真诚。

（7）准确地表达自己的想法。准确地表达自己的想法能使别人了解你的意图，避免不必要的误会和麻烦。谈话时要说清楚自己的感受、需要以及原因，绕弯子或让别人猜测、揣摩你的心思不但浪费时间和精力，而且往往会造成误会。

（8）要根据不同的谈话对象和场合等因素把握好谈话的分寸。谈话不是简单地"说"，不能毫无顾忌，没有分寸。尤其是在金融活动中，对不同身份、不同性格的人采取不同的谈话方式和策略，是实现谈话目的的关键。服务对象可以说是千差万别，这就要求你要掌握他们的性格特点、了解他们的志趣爱好，投其所好，"对症下药"，从其感兴趣的话题入手，以此作为一个重要的切入点来实现谈话目的。

2. 谈话的禁忌

（1）切忌在公共场合旁若无人地高声谈笑，或我行我素地高谈阔论，应顾及周围人的感受。

（2）切忌喋喋不休地谈论对方一无所知且毫不感兴趣的事情。

（3）应避开疾病、死亡、灾祸以及类似的话题，以免影响对方情绪和谈话气氛。

（4）不要问过于私人的问题，例如询问女性的年龄、婚否等，这是很不礼貌的行为。

（5）不要在社交场合高声辩论，也不要当面指责，更不要冷嘲热讽。

（6）不要出言不逊，恶语伤人。

（7）切忌在社交场合态度傲慢、自以为是、目空一切、夸夸其谈。

（8）切忌与人谈话时左顾右盼，注意力不集中。

（9）谈话时不要手舞足蹈。

（10）谈话前忌吃洋葱、大蒜等有气味的食品

？思考与训练4-3

设计一个会面情境，包括称谓、介绍、递交名片、握手、交谈等环节，并以小组为单位进行模拟训练。

第二节　金融行业办公室礼仪

工作就是人生的价值、人生的欢乐，也是幸福之所在。

——罗丹

办公室是处理金融日常公务、洽谈金融业务、接待来宾的重要场所。办公室礼仪是员工在办公室这一特定的工作场所应具有的礼仪。它主要包括办公室员工个人礼仪、处理人际关系的礼仪、汇报和听取汇报的礼仪等。员工在办公室所表现出来的仪态，很大程度上反映了金融企业的管理状况，体现了企业的团队精神和文化氛围，是客户对企业进行评价的主要依据。因此，必须高度重视办公室礼仪。

【案例4-3】

小王是某酒楼的一名管理人员。生性内向的他，潜意识中总有一种想法：这种人这么"难伺候"，凭什么我一定要照顾他们的情绪，搞得自己不开心呢？同时，他又觉得有时自己好心好意安排给下属的工作，却又无法让对方领情。因此，小王陷入了深深的苦恼之中。

案例分析：同事是与自己一起工作的人，与同事相处得如何，直接关系到自己的工作、事业的进步与发展。如果同事之间关系融洽、和谐，人们就会感到心情愉快，有利于工作的顺利进行，从而促进事业的发展。反之，如果同事关系紧张，相互拆台，经常发生摩擦，就会影响正常的工作和生活，阻碍事业的正常发展。处理好同事关系，是办公室礼仪中很重要的一个方面。

一、办公室个人礼仪

1. 仪表礼仪

金融行业从业者要注意自己的形象，因为其个人形象往往代表着企业的形象。首先，要注意仪表端庄、仪容整洁，良好的仪容和整洁得体的装束既反映了一个人严肃认真的工作态度，也是对他人尊重的一种表现形式。因此，金融行业办公室工作人员首先要注意仪表礼仪，在进入银行大厅或办公室以前先整理好自己的仪表。

2. 主动问候，互相尊重

早晨上班时，在走进工作单位，走向办公室之前，无论遇到什么人都应面带微笑，主动问候。进入办公室后应主动打扫卫生、打开水等，保持室内的整洁，为全天的工作做好准备。同事之间的交流应始终谦恭有礼，尊重别人的态度和意见，不以职位高低论尊卑，

不厚此薄彼、有亲有疏，对上司、同事一视同仁。

3. 谈吐优雅

在办公时间里要注意保持办公室的安静与整洁，不要大声讲话，控制好讲话及打电话的音量，在通道和走廊不要一边走一边大声讲话。交谈时还应注意谈话内容，不要谈论与工作无关的话题，更不要说些粗野、庸俗的话题。此外，还应控制好自己的情绪，不要把喜、怒、哀、乐都写在脸上，让人感到你不够成熟，自控力不强。

4. 举止文明

工作人员的行为举止应庄重、自然、大方、有风度，这能给客户留下正直、积极自信的好印象。在办公室的坐姿、步态要文雅，举手投足应符合金融职业身份，不要弯腰驼背、萎靡不振，这会给人以懒散、工作责任心不强的坏印象。办公清闲时，不要串岗聊天，高声谈笑或围在一起打牌、下棋等，这会给人以管理混乱、企业不规范的不良印象，使金融行业的形象受到极大的损害。

5. 注意卫生

办公场所既是工作的地方，也是社交场所，应当保持文明整洁。不能随地吐痰，乱丢烟蒂、纸屑；注意个人卫生习惯，打喷嚏应捂住口鼻；不要将杂志、报纸、餐具、小包等放在桌面上；办公室是禁烟场所，禁止吸烟。如因事离开座位，应轻轻起身，不要拖拉凳子发出噪音，以免影响他人工作。下班时应整理好桌面材料，并将文件分类归档。

> **知识链接 4-4**
>
> ### 办公室里的十大细节礼仪
>
> （1）将手机的声音调低或调到振动状态，以免影响他人。
>
> （2）打电话时尽量放低声音，如果是私人电话，尽量减少通话时间。
>
> （3）不翻动其他同事桌上的文件资料，以及电脑、传真机上与自己无关的任何资料。
>
> （4）有资料需要移交给他人时，一定要贴上小提示，写清时间、内容、签名并且不忘致谢。
>
> （5）将自己办公桌整理得干干净净，不可将废纸乱丢一地。
>
> （6）办公室内一般禁止吸烟，确保空气清新。
>
> （7）女士尽量不在办公室里化妆、涂指甲，也不穿过分性感的衣服。
>
> （8）在办公室里见到同事或是来访者时不忘微笑。
>
> （9）不在办公室里制造流言蜚语或传播小道消息。
>
> （10）尽量不在办公室里与同事发生财务纠纷。

二、汇报和听取汇报的礼仪

1. 汇报工作时的礼仪

下级向上级汇报工作时的礼仪要求有：

（1）遵守时间，不可失约。应树立极强的恪守时间的观念，不要过早抵达，使上级准备未毕而难堪，也不要迟到，让上级等候过久。

（2）轻轻敲门，经允许后才能进门。不可大大咧咧，未经允许直接推门而入。即使门开着，也要用适当的方式告诉上级有人来了，以便上级及时调整体态和心理。

（3）汇报时，要注意仪表、姿态。站有站相，坐有坐相，文雅大方，彬彬有礼。

（4）汇报语言精练，条理清楚。汇报内容要实事求是，汇报时吐字清晰，语调、声音大小适当。有喜报喜，有忧报忧，不可"察言观色"，投其所好，歪曲或隐瞒事实真相。

（5）以礼相待，注意言辞的艺术性。汇报工作时，如果上级不注意礼仪，切不可一时冲动，仍然要坚持以礼相待，也可以以身示范来暗示上级纠正错误，或者直言相陈，但需注意言辞的艺术性。

（6）汇报结束后要有礼貌告辞。汇报结束后，上级如果谈兴犹在，不可有不耐烦的体态语产生，应等到由上级表示结束时才可以告辞。告辞时，要整理好自己的材料、衣着、茶具与座椅，当领导送别时要主动说"谢谢"或"请留步"。

2. 听取汇报时的礼仪

上级在听取下级的工作汇报时，相关的礼仪要求有：

（1）遵守时间，不可失约。如果已约定时间，应准时等候，如有可能宜稍微提前一点时间，并做好相应准备工作。

（2）以礼待人。应及时招呼汇报者进门入座，并泡茶招待，不摆官架子。

（3）要善于听。当下级汇报时，可与之目光交流，配之以点头等表示自己认真倾听的体态动作。对汇报中不太清楚的问题可及时提出来，要求汇报者重复、解释，也可以适当提问，但要注意所提出的问题不至于打消对方汇报的兴致。

（4）先思而后言。不要随意批评、拍板，要先思而后言。听取汇报时不要有频繁看表或打呵欠、做其他事情等不礼貌的行为出现。

（5）礼貌结束汇报。要求下级结束汇报时可以通过体态语或委婉的语气告诉对方，不能粗暴打断。如果已到了吃饭时候，可挽留下级吃便饭。当下级告辞时，应站起来相送，如果联系不多的下级来汇报时，还应送至门口，并亲切道别。

三、办公室处理人际关系的礼仪

在办公过程中，与同事、上级、下级每天都在同一群体中，享有共同的活动空间，有着共同的工作目标，各项工作的完成往往需要大家的合作与配合，因而相互间不可避免地会产生各种交互活动。只有努力协调好各种关系，创造良好的工作氛围，使人心情舒畅，才能够提高工作效率。

1. 上级对下级的礼仪

（1）知人善任，任人唯贤。上级对下级最重要的礼遇就是知人善任、任人唯贤，使其德、才、能、长得以充分发挥和施展，而不是求全责备。只要无关大局，对个人性格、习惯上的弱点则不要过分苛求。

（2）用人不妒，用人不疑。上级应鼓励下级"青出于蓝而胜于蓝"，力负重任而越过自己，不可心生疑虑，心生嫉妒。否则，玩弄权术，不仅会挫伤下级的积极性，而且是极大的失礼、失德。上级在下级面前不能过于自负、主观，研究问题不要以领导、权威自居，对下级表现出谦恭好学才是有礼的行为。

（3）宽宏大量，容事容人。下级在工作中提出不同意见，或说了刺耳、过头的话，甚至做出了不符合实际的个人攻击，只要对工作任务无关紧要，就要宽宏大量，容事容人，切不可打击报复，借故整人。最好的办法是让对方在以后的实践中自己教育自己。

（4）充分信任，明确授权。在领导与下属之间虽然存在一定的行政距离和心理距离，但通过对下属的充分信任和授权，就可以大大缩小这种距离。一般来说，领导者对下属越信任，就越愿意授权给下属，而下属往往就越自信、工作积极性越高，越尊重和感激领导者，上下级关系就越融洽。

（5）淡化角色、平易近人。上级对下级最为普通的礼仪是平易近人、态度和蔼。在工作交往中，上下级的角色差异会加大彼此的心理距离，形成交往的心理障碍。因此，在日常的交往中，通过娱乐、休闲、聊天等，有意识地淡化与交往对象的角色差异，不使用命令与支配的口吻讲话，而以朋友的语气与下级交谈，就有利于缩小彼此间的心理距离。

（6）讲究批评时的礼仪。批评最容易导致人际关系的紧张，但作为领导者对下属的错误又不能视而不见，听而不闻，要使批评既能达到纠正下属错误的目的，又使下属心服口服，不造成关系紧张，这就需要把握批评礼仪。批评也要以礼待人，具体而言应注意以下几方面：

①慎用公开的批评。公开批评有时可以起到教育大家的作用，但往往对被批评者的自尊心伤害较大，因此，对犯错误的人可不公开批评的就尽量不公开批评。

②批评时应佐以褒奖。在批评人时应回顾和肯定以往的成绩，承认其工作能力和水平，并佐以恰如其分的赞赏与鼓励。

③批评时不伤人自尊心。人人都有自尊心，犯错误的人的自尊心更强烈，更需要别人尊重。所以，批评时切忌说伤害感情的话，更不能借题发挥。要尊重对方的人格，对事不对人，不有意揭人短，不轻易否定未来。

2. 下级对上级的礼仪

工作中，能否处理好与上级的关系，对于自身的发展将会产生很大的影响。大凡成功人士都有较强的处理上级关系的能力和水平，能遵守上下级之间的交往礼仪，赢得上级领导的信任和支持。

要处理好与上级的关系，必须注意以下礼仪：

（1）出色地完成工作任务。作为下级，在处理与上级关系的过程中，首先要服从上级安排，千方百计圆满完成上级交给的工作任务。在不违背上级精神的前提下，结合本部门的工作实际，制订切实可行的工作计划，富有创造性地完成上级交给的工作任务，这既是工作顺利开展、提高工作质量的保证，也是作为下级基本的礼貌礼节。

（2）以大局为重，维护上级的威信。维护上级威信，是顾全大局的一种表现。作为下属，应当注意时时、处处、事事维护领导的威信。不要因与自己有关的问题一时得不到解决，或者工作中确系上级安排、决策发生了失误而吹毛求疵，百般挑剔，借题发挥或当众大吵大闹，让上级下不了台等，这是很不礼貌的。在这种情况下，只要上级的决策大体正确，下级就应积极贯彻执行，即使有问题，也应抱着与人为善的态度，尊重、体谅上级。通过正当的途径，诚恳地帮助上级纠正错误。

此外，与领导说话要注意场合和分寸。一般来说，与上级相处，在正规场合宜庄重，私下场合可随便些，但不管是什么场合，办事说话都要注意分寸，千万不要通过贬低上级来抬高自己，这是很不礼貌的，也是没有修养的表现。

（3）尊重而不庸俗，服从而不盲从。作为上级总有某些特长，或才干过人，或经验丰富，或声望服人，作为下级应该尊敬上级，而不应傲视，也不要卑躬屈膝，唯命是从。下级服从上级是一条组织纪律，是一个组织得以存在和发展的必要条件。但服从绝不是盲从，因为人不是机器，而有其主动性和创造性，协调上下级关系应该是目标的统一，彼此互负责任，共同达到预期目标。否则，唯唯诺诺，一心揣度上级的心思，看领导的眼色行事，甚至谄媚奉承等，都是不正常、不礼貌的行为。至于那种别有用心、居心叵测的做法，不仅是失礼，而且也是失德的行为。

（4）做好领导的参谋和助手。作为下级，在处理上级关系过程中，有责任、有义务充当上级的参谋和助手。具体地说，要在职权和工作范围内，积极地给上级领导提供信息、反映情况、出主意、想办法，以便上级了解实情、拓宽视野、掌握动态，使决策更加准确、实施更加有效、组织更加得法、指挥更加有力。但在这里需要注意的是，一定要把握"良好"两个字，亦即提供信息应当准确，反映情况务必真实，提建议、谈想法不能掺杂个人的感情因素，力避给上级出"馊主意"。否则，不仅不能起到"分忧"的作用，反而会给上级添乱，既不利于工作，也会影响上下级之间的关系。

（5）定位准确，不"越位"。"越位"是下级在处理与上级关系的过程中常发生的一种错误。要真正做到出力而不"越位"，必须正确认识自己的角色地位。上下级之间由于所处的地位不同，因此工作职责和要求都不同。作为上级，依据法律或章程赋予的特定职责和权限进行工作；作为下级，则围绕上级制定的工作目标和要求开展工作。准确地认知自己的角色，摆正位置，既不能要求上级领导去干下级人员的工作，也不要"越位"，即越权或擅权去做领导的工作，如超越身份胡乱表态、擅自决策等，这些都是不负责的表现。

（6）不随意打扰领导的公务活动。在与上级交往的过程中，不要随意打扰领导的公务活动。正逢领导开会或处理其他工作时，除非紧急情况，一般都要有礼貌地等候或另择时间，不要轻易打断领导的正常工作。与领导商谈汇报工作，不要絮叨不休，绕圈子，而应简洁明快。在领导办公室，不可随便翻阅公文、信件，不要大大咧咧、言行无状。

3. 处理同事关系的礼仪

同事是与自己一起工作的人，与同事相处得如何，直接关系到自己的工作、事业的进步与发展。如果同事之间关系融洽、和谐，人们就会感到心情愉快，有利于工作的顺利进行，从而促进事业的发展；反之，同事关系紧张，相互拆台，经常发生摩擦，就会影响正常的工作和生活，阻碍事业的正常发展。

为此，同事之间相处，应注意以下礼仪：

（1）真诚、信任。无论是上级、下级还是同级，在工作和生活中，待人以诚、互信不疑是同事间相处最重要的一条礼仪准则。真诚、信任就要做到"言必信，行必果"。话一出口，就应考虑到责任感，没有把握或做不到的事不随便允诺，一旦允诺，则要千方百计地去做好。万一由于种种客观因素未能办成，也应诚恳地加以解释，致以歉意。

（2）宽容待人，学会自制。宽容的态度对于处理好同事关系是非常有利的。宽容别人偶尔的过失，是一个人必备的良好素质。一个金融系统的员工必须具有宽广的胸怀和器量，对于别人的缺点和短处应该持包容和原谅的态度，并想办法用自己的长处去弥补。当然，容忍和原谅并非是无原则的迁就，而是要在相互交往中互相宽容。

（3）既"合作"又"竞争"。"合作"和"竞争"，是同事关系中不可分割的两个方面。一味"合作"而不讲"竞争"，不利于自身能力和水平的提高，最终将减弱自己与人"合作"的能力。因此，同事间既要通力合作，又要敢于"竞争"。要正确处理好"合作"与"竞争"的辩证关系，自觉树立竞争意识，通过"竞争"不断地激励自己、完善自己、提高自己与人合作的能力和水平。但这种竞争意识应该是积极的、健康的。在"竞争"中，领先时不自满，落后时不气馁，一如既往，积极进取。

（4）掌握分寸，分清职责。在工作过程中，同事之间应当分清职责，掌握分寸，不争权力，不推责任。属于别人职权之内的事，决不干预，属于自己的责任，也决不推卸。在努力做好自己的本职工作时，如果别人需要帮忙，应挺身而出，不要推辞。

（5）经常联系，沟通情况。在工作上同事之间虽有明确的分工，但事实上有些事是很难分清的，肯定会有交叉和联系。因此，在工作中同事间应经常沟通，主动向同事提供有用的资料、信息和建议，只有这样，才能彼此了解、信任，有效地合作，消除不必要的误会和摩擦，提高工作效率。

（6）互相"补台"，积极配合。在工作中，同事之间常常会有一些工作上的交叉，也会有一些需要共同处理的事务。因此，同事之间应当积极主动地配合，齐心协力地工作，以求得最佳的整体效应。既要有合作精神，又要有"补台"意识。当同事有困难时，应当热情地帮一把；当同事有问题时，应当尽力地挽救一下；当同事出了差错时，应当主动地弥补一下。

（7）己所不欲，勿施于人。同事在相互交往中，要注意换位思考，在自己的言行付诸行动之前，想一想别人这样对待自己时会怎么样？如果自己都无法接受，那就不应该施之于别人。遇事善于站在对方的立场上想问题，严于律己，宽以待人，与人为善，就能够为建立良好的同事友谊奠定深厚的基础。

（8）要君子之交，勿作小人。朝夕相处的同事之间靠以诚相见，以精神上的相互交流、相互支持为主，而不靠物质上的交流、"小恩小惠"和庸俗的拉拉扯扯。当然，同事之间也有礼尚往来，甚至慷慨解囊相助，但平时的礼尚往来应以"神交"为主，只要表示一片真心实意就可以了，而不要流于俗气。在日常交往中，不要在众多的同事中仅与一个或几个人交往过密，甚至越过一般同事关系，否则就会导致"有亲必有疏"。因为对某个人的过分亲密必然会反衬对其他同事的疏远，从而使得同事之间的关系复杂化。

（9）见贤思齐，强者为师。所谓"见贤思齐，强者为师"，就是主动地向贤者看齐，虚心地拜强者为师。对那些水平高、能力强的人，要虚心好学，拜强者为师，但也不要表现出缺乏自尊与自信。对于那些不如自己的同事，更不要盛气凌人，好为人师。同事相处要不骄不躁、不卑不亢；说话不绝对，不过头；不扫他人兴，不要以质问的口气对他人讲话；更不能嫉贤妒能，采取不正当的方式和手段排挤别人。

（10）少闲谈，不无事生非。同事之间在工作中一般不应该闲谈，更不允许利用自己的闲暇到他人岗位上去闲聊或办私事，以免影响他人工作或造成相互间的无事生非。偶尔闲谈务必注意一些基本礼节：

①谈话必须有节制、有分寸，不能因谈话而影响工作。

②谈话内容不应涉及第三者，不要背后议论、评价人，也不要谈论荒诞无稽和低级趣味的内容。

③不要窥探别人的隐私、传播耸人听闻的小道消息，更不要挑拨离间，人为地制造矛盾。

④不开过头玩笑，不涉及敏感和伤人自尊心的话题。

⑤不口出秽语、使用不恭敬言词，注意谈话的格调。

⑥不要不分场合无休止地述说自己的苦恼、牢骚和家务，这会使人感到不耐烦。

（11）心平气和，以理服人。同事相处的过程中，难免会发生一些意见分歧和误会，在解决这些问题时，应本着顾全大局、维护团结的良好愿望，不要因此而伤了和气或影响工作。对于一些无关紧要的小事，不需要追究到底，可一笑了之；对于一些需要辨清是非的"大事"，也要讲究方式方法，尽量做到心平气和，以理服人。

面对同事对自己的误解，甚至有意中伤，也应沉着冷静，一方面可从侧面核对一下，另一方面也应客观地反省一下自己有无失礼之处。如果有意中伤确实客观存在，又是原则关键性问题，可在正式场合或会上有理、有据、有节地作出必要的解释和说明，以澄清事实。不要采用旁敲侧击，"以眼还眼，以牙还牙"的方式，否则，对方失礼在先，自己失礼在后，这本身同样是不符合礼貌、礼节的。如果问题严重，可以求助于组织，必要时诉诸法律，但绝对不可凭自己的一时冲动而蛮干，酿成终身憾事。此外，要调节好自己的情绪，相信事实，误会迟早会消除。

（12）含蓄幽默，但不油嘴滑舌。谈吐风趣幽默的人能够使人心情愉快，因此，具有幽默感的人总会受到同事们的特殊关注，因而会比严肃呆板的人更容易获得交往的成功。

但是，同事间讲话一忌俗，二忌乱。不分场合地点、不掌握分寸，不仅是一种失礼的表现，而且会让人产生一种油嘴滑舌之感。所以，同事间的幽默应该注意：格调高雅，积极健康，给人以愉快的精神享受；不能污言秽语开低级玩笑，荒诞离奇的话语更是登不上大雅之堂；不取笑、挖苦、讽刺他人，不揭别人的短处和隐私，不以别人难堪和痛苦为笑料；不矫揉造作出洋相，也不奴颜媚态取悦他人，不装腔作势、哗众取宠。

（13）经济来往要清楚。同事之间经济互相给予帮助是必要的，但再好的同事毕竟不是一家人，经济往来中把账目算清楚是非常必要的。即使在短时间内不能结清的大数账目，负债一方也应隔一段时间向对方说明一下。平常发生的小数目的借贷应及时结清，以免遗忘，有意无意地占别人的便宜会在对方的心目中降低自己的人格。因此，同事之间借了钱、物一定要注意好借好还，实在不能践期，则需向对方说清楚，表明归还的准确日期，并致以歉意。

？ 思考与训练 4-4

刚中专毕业的小蒋被录用到某银行工作，她觉得要与同事和上司搞好关系，于是常会跑到同事办公室聊天，用"×哥"、"×姐"称呼自己的领导，没多久她就和大家混得熟悉了，时间长了，还以她为中心形成了小集团，让领导很不快。

请问：小蒋在与同事交往的过程中，哪些做法欠妥当？同事间交往应注意哪些礼仪呢？

第三节　金融行业接待礼仪

礼仪是在他的一切别种美德之上加上一层藻饰，使它们对他具有效用，去为他获得一切和他接近的人的尊重与好感。

——洛克

接待，是指个人或单位以主人的身份招待有关人员，以达到某种目的的社会交往方式。接待是很多金融业从业者的一项日常性工作。在接待中的礼仪表现，不仅关系到自己的形象，还关系到企业形象。因此，作为金融业从业者必须十分重视和切实做好接待工作。

【案例4-4】

文文是一位办公室文员。从上班的第一天起，文文就认为自己的工作内容就是打打字、接接电话、复印文件、做做报表而已，其他的就不是她的分内之事了。某一天，有一中年男子急匆匆地走进来，问："请问经理在不在？"文文正在打一份文件，很不高兴被打断，她冷冷地抬了抬眼皮，看到那人站在那里，有点土气，于是不耐烦地说："你找哪个经理？这儿很多经理。"中年男子说："负责业务的。"文文用手一指："那边，大厅。"3分钟左右的工夫，客人回来气急败坏地说："这叫什么公司啊！"估计他是在大厅里再次遭到冷遇。这下，文文可不高兴了，心想：我招你惹你了吗？你冲我发脾气。文文漠然地白了他一眼，一边打文件一边说："关我什么事！"客人没想到文文不但没有安抚他，反而冷嘲热讽地抢白，一时气愤地摔门而去。谁知，那个中年男子找总经理倒是又快又准，其貌不扬的他竟然是一家贸易公司的老总，无论文文的总经理怎么赔罪，他坚决终止与公司的销售代理合作，理由是：公司的管理太差，员工没有起码的服务意识。几十万美元的订单就这样泡汤了，随后，文文也"另谋高就"了。请问：文文错在哪里？

案例分析：首先，她的服务观念错误。作为公司员工，她认为接待客户不是她的工作，跟她没有关系，这是不对的。其次，她没有做到主动热情地帮助客户解决问题。再次，她未能正确引导客户。当客户有意见时，她没有适时地安抚客户情绪。最后，因为个人的服务态度不好，使公司失去了一个大客户，产生损失。综上所述，公司员工掌握接待礼仪非常必要。

一、接待的基本要求

接待来访的客人时首先要做到"有心"，要真正关心客人是否被重视，是否快乐。接待历来被企业界视为企业的一项投资，并且能同时收到预期的回报，所以，接待来访的礼仪历来都受到金融企业的重视。

接待礼仪的基本要求如下：

1. 注重形象

在接待活动中，接待人员的形象就是接待企业的名片，良好的职业形象更是企业的品牌。接待人员注重形象，就是注重服务，就是注重企业宣传，就是注重企业效益。良好的形象不仅能满足客户视觉美的需要，也能使客户感到自己的身份和地位得到了承认，便于接待工作的顺利开展。

2. 坚持原则

无论是个人还是单位，在接待来访者时，都希望客户能乘兴而来，满意而归。因此，接待过程中一定要遵循平等、热情、礼貌、友善的原则，这样才能赢得来访者的尊敬和爱戴，达到沟通信息、交流感情、广交朋友、树立形象的目的。

3. 确定规格

接待规格的基本体现有以下三点：

（1）接待费用支出多少，即具体的花销。

（2）级别问题。根据接待主要人员的身份确定其级别。

（3）接待规模的大小。确定接待规格可参照国家的明文规定或执行常规的企业做法，但不论采用何种方式操作，确定接待规格是接待礼仪的一个重要内容。

4. 兼顾环境

接待人员要为接待创造一个优美的环境。在客户抵达前，要根据具体情况，将会客室（接待室）精心整理，如彻底打扫卫生，适当准备一些香烟、水果、饮料、茶具，摆放一些鲜花等。如果是商务接待，还应准备一些文具用品和可能用上的相关资料，以便使用和查询。总之，会客室的布置应整洁、美观、方便。

除此之外，在接待活动中，还要求接待人员语言规范、动作优雅、注意客户的接待禁忌，接待活动要有始有终，接待服务不放过任何一个细节等，这些都是非常基本而且重要的礼仪要求，接待人员要用一颗诚挚对客的心去参与接待服务，才能给客户留下深刻的印象。

二、接待礼仪的规范

对于金融企业而言，接待礼仪的规范体现在以下几个方面：

1. 接待要领

（1）当有客户来办公室拜访时，接待人员对来访者应起身笑脸敬语相迎；对上级、长者、客户来访，要起身上前迎候。

（2）在起身迎候致意的同时致欢迎词，如"欢迎光临，我们主任（经理）正在等候您，请跟我来"等。

（3）接待中，引领的正确做法是：接待者走在客人左前方，把客人引领到接待室门前，然后用左手轻轻地推开门，侧身站在门边，说一声"请进"，并伸手做出引导客人进入的手势。接着，还要把客人带到座位前请客人坐下。

2. 接待注意事项

（1）接待人员不能让来访者坐冷板凳。如果自己有事暂时不能接待来访者，要安排助理或相关人员接待客户，不能冷落了来访者。

（2）接待人员在接待来访的客户时，需认真倾听来访者的叙述。来访者都是有事才来，因此要认真倾听，让来访者把话说完。

（3）接待人员对来访者的意见和观点不要轻率表态，应思考后再作答。对一时不能作答的，要约定一个时间给予答复。

（4）接待人员对能够马上答复的或立即可办理的事，应当场答复，不要让来访者等待或再次来访。

（5）接待人员在接待来访者时，若有电话打来或有新的来访者，应尽量让助理或他人接待，以避免中断正在进行的接待。

（6）接待人员对来访者的无理要求或错误意见，应有礼貌地拒绝，而不要刺激来访者，使其尴尬。

（7）接待人员要结束接待时，如客户没有感觉到，此时可以委婉表明立场，也可用体态语言告诉客户本次接待就此结束。

3. 接待语言规范

接待过程中，一些不规范的语言往往会直接影响接待的效果。接待时，语言的使用应注意以下问题：

（1）使用客户易懂的话语。接待客户时，最好不要或者尽量减少使用专业术语，如理财专业术语、保险专业术语等。因此，招呼语要通俗易懂，要让客户切身感觉到亲切和友善。

（2）多用简单明了的礼貌用语。简单明了的礼貌用语在生活中很常用，接待客户时，它们更是必不可少的好帮手。接待时，要多说"您好"、"大家好"、"谢谢"、"对不起"、"请"等礼貌用语，向客户展现自己的专业风范。

（3）采用生动得体的问候语。所有的服务行业都要使用服务用语，金融行业亦不例外。比如，"有没有需要我服务的？""有没有需要我效劳的？"这样的问候语既生动又得体，需要每个接待人员牢记于心、表现于口。切忌使用类似"找谁？有事吗？"这样的问候语，它会把你的客户吓跑。

（4）顺应客户，与其进行适度的交谈。顺应客户，在此所强调的是顺着客户的心理与其进行适度的交谈。比如，当客户说"对不起，请问你们总经理在不在？"时，接待人员应该马上回答"您找我们总经理吗？请问贵公司的名称？麻烦您稍等一下，请这边走……"与此同时，要自然展现出合适的肢体语言。

（5）采取充满温馨关怀的说话方式。接待人员应学会根据环境变换不同的关怀用语，以拉近与客户的距离，让客户产生宾至如归的感觉。如果外面在下雪，客户带着满身的积雪走进你所在的公司，接待人员应立刻递给他一张纸巾，不要小看这张薄薄的纸巾，它虽然擦在客户的头上，却暖在了客户的心里，这种无声的话语会令客户倍感温馨。同样，下雨的时候，一句"您没带伞，有没有着凉？"也是充满温馨的关怀话语。

4. 接待的基本礼节

在办公场所接待客户、洽谈业务时，有许多场合需要用到下列基本的礼节。熟练掌握并运用这些礼节，将使工作变得更加自如顺利，也会让客户产生宾至如归的感觉。

（1）迎接客户的三阶段行礼。国内通行的三阶段行礼包括15°的鞠躬行礼、30°的鞠躬行礼和45°的鞠躬行礼。15°的鞠躬行礼，是指打招呼，表示轻微寒暄；30°的鞠躬行礼是敬礼，表示一般寒暄；45°的鞠躬行礼，是最高规格的敬礼，表达深切的敬意。接待人员在行礼过程中，不要低头，要弯下腰，但绝不能看到自己的脚尖；要尽量举动自然，令人舒适；切忌用下巴跟人问好。

（2）引导手势要优雅。接待人员在引导访客的时候要注意引导的手势。

男性接待人员的正确手势应该是：当访客进来的时候只需要鞠躬行礼；当手伸出的时候，眼睛要随着手动，手的位置在哪里眼睛就跟着去哪里。如果访客问到"对不起，请问经理室怎么走?"时,千万不要口中说着"那里走",手却指着不同的方向。

女性接待人员在做指引时,手要从腰边顺上来,视线随之过去,很明确地告诉访客正确的方位;当开始走动时,手就要放下来,否则会碰到其他过路的人;等到必须转弯的时候,要再次打个手势告诉访客"对不起,请这边右转"。引领手势切忌五指张开或表现出软绵绵的无力感。

(3)不便之处的提醒。在引导过程中要注意对访客进行不便提醒。例如,在引导访客转弯的时候,熟悉地形的接待人员知道在转弯处有一根柱子,这时就要提前对访客进行不便提醒;如果转弯处有斜坡应提前对访客说"请您注意,转弯处有个斜坡"。对访客进行不便提醒,是每一位接待人员的职责。

(4)与客户擦身而过时应主动打招呼。在行进过程中,如果跟客户即将擦身而过时,接待人员应该往旁边靠一下,并轻松有礼地向客户鞠躬,同时说声"您好"。千万不要无视客户的存在,头一扬就冷漠地走开。

如果接待人员能够在行进中向与自己擦身而过的客户打个亲切招呼,将使客户有一个良好的心情,这对于接待工作而言是非常有利的。

(5)上下楼梯时的引导方式。上下楼梯引导客户时,假设接待人员是女性,穿的是短裙,那么此时千万不要在引导客户上楼时自告奋勇在前面引导,因为差两级阶梯,客户的视线就会投射在接待人员的臀部与大腿之间。此时,接待人员要尽量真心诚意地向对方讲"对不起,我今天服装比较不方便,麻烦您先上楼,上了楼右转",明确地将正确方位告诉客户就可以了。

(6)搭乘电梯。引导客户搭乘电梯的礼仪主要强调的是以客为尊,让客人后入、先出。为了避免发生踩脚、夹门等意外事件,接待人员要时时刻刻想着为客户控制电梯开关,在确保没有任何危险的情况下再让客户出入。

①电梯无专人操作时,应在客户之前按电梯上行或下行的按钮;电梯抵达,接待员先进入,在电梯内按住"开"的按钮,再礼貌地请客户进入;在电梯行进时,遇见其他客户进入电梯,此时应礼貌问候,并主动询问其抵达楼层,为其服务;电梯抵达相应楼层后,接待人员应在电梯内按住"开"的按钮,请客人先离开电梯。

②电梯有专人操作时,无论是上、下电梯,都应让客户、上司优先。

③先上电梯的人应靠后面站,以免妨碍他人乘电梯;在电梯内不可以大声喧哗或嬉笑吵闹;当电梯内已有很多人时,后进的人应面向电梯门站立。

(7)正确地开启会客室大门。会客室的门分为内开和外开两种。在打开内开的门时不要急着把手放开,以免令后面的客户受伤。如果要开外开门时,接待人员千万要用身体扣住门板,并做一个"请"的动作,当客户进去之后再将门轻轻地扣住。这是在维护客户的安全,接待人员一定要注意。

(8)会客室的安排。对于会客室的安排,以下两点至关重要。

①会客室座位的正常安排。一般而言,会客室离门口最远的地方是主宾的座位。假设某会议室对着门口有一个"一"字形的座位,那么这些座位就是主管的座位,而与门口成斜角线的座位则是主宾的座位,旁边是主宾的随从或者直属人员的座位,离门口最近的座位是安排给年龄、职位比较低的人员的。

②有特殊情况时会客室座位的安排。会客室座位的安排除了遵照一般的情况,也要兼

顾特殊。有些人位居高职，却不喜欢坐主位，如果他坚持要坐在靠近门口的座位时，接待人员要顺着他的意思，让客户自己去挑选他喜欢的位置，接下来只要做好其他座位的顺序调整就好。

（9）奉茶。接待客户，必不可少的一项服务就是奉茶。一名优秀的接待人员，一定要学会用恰当的方法为客户奉茶，通过奉茶的礼仪展现个人乃至公司良好的专业素养。

奉茶时应注意依季节选择适合的茶，尽可能让客户选择。奉茶给客户时，勿以手指拿捏杯缘，两杯以上时宜使用托盘端茶。奉茶时应注意先后顺序：先给主宾及其同事奉茶，再给本单位的人员奉茶。当空间不便时，依顺时针方向把茶水端给客户，最后是本单位人员。

续茶时，宜先将茶杯拿到桌子的拐角处后再续茶。在托盘内准备一张湿纸巾或干净的小毛巾备用，可以避免万一茶水溢出来时造成的不便。

（10）维护接待环境。接待人员的另一项工作是维护接待环境，对会客室的环境进行及时整理，具体维护对象包括桌椅、杯子以及桌面等。

在具体操作中，首先，要将客户坐过的座椅归位，然后再将桌椅排列整齐；其次，将客户用过的茶杯收回；最后，还要查看桌面上有没有烟灰，若有，要及时擦干净，并把烟灰缸里的烟蒂倒掉，保持桌面的清洁。

除此之外，还要随时注意会客室内的时钟，要保证时钟所示时间是准确无误的；要及时更换过期挂历或台历，千万不要将错误的信息留给客户；要让会客室内的空气流通，保持空气清新。只有接待人员做好对会客室环境的维护，才会让客户带着一份好的心情在一个很清爽的空间里开展工作。

（11）谦恭有礼地送客。针对不同的客户应使用不同的送客礼，虽然都是谦恭有礼，但是每个单位要根据实际情况的不同将客户送至不同的地点，从而也就需要不同的送客礼。一般来说，客户离开时都要享受"全员送客礼"，其他主要的送客礼还有电梯送客礼、门口送客礼以及车旁送客礼。

①全员送客礼。客户结束会谈将要走出公司时，必然会经过许多办公室。如果访客恰好经过接待人员与其他员工办公的地方，所有员工只要看见访客就应该马上站起，将椅子推入桌下，每人都抬头看一下客户说一声："谢谢！再见！"一定要力求"人人迎宾，人人送客"。这样的举动看似小题大做，其实很有必要，它会带给客户宾至如归的感觉。

②电梯送客礼。将客户送到电梯口时，接待人员在电梯门关上之前，都要对客户注目相送，等电梯即将关上的一刹那挥手示意或最后一次鞠躬，并说声"谢谢，欢迎再次光临！再见！"

③门口送客礼。接待人员将客户送到门口，要等到客户即将离开时做最后一次鞠躬，同时说声"谢谢，欢迎再次光临"，并目送客人的身影，直至消失不见才可返回自己的工作岗位。

④车旁送客礼。接待人员将客户送到他的车旁时，一定不要忘了在关车门的一刹那做最后一次鞠躬并说"谢谢，请注意行车安全"，然后目送车子离开，直至看不见车影才可离开。

总之，接待人员在接待过程中，做到客户进来时有招呼，客户离开时有欢送，客户接待时有礼貌，方能令客户真正体会到宾至如归的感觉。

知识链接4-5

接待外宾应遵守的原则

1. 维护国家利益不卑不亢原则

它要求：每一个人在参与国际交往时，都必须意识到，自己在外国人的眼里代表着自己的国家、民族，代表着自己所在的单位。因此，接待人员言行上应当从容得体，行动上堂堂正正，既不应该表现得畏惧自卑、低三下四，也不应该表现得狂傲自大、放肆嚣张。

2. 信守约定原则

在接待礼仪当中，"讲究诚信，遵时守约"是基本的原则之一。具体而言，它是指在国际交往中必须认真而严格地遵守自己的所有承诺，承诺要兑现，说话要算数，信守约定。

3. 女士优先原则

"女士优先"指的是在一切社交场合，每一名成年男士都有义务主动自觉地以自己的实际行动去尊重女性、照顾女性、体谅女性、关心女性、保护女性，必要时还要想方设法地去为女性排忧解难。

4. 尊重隐私原则

在涉外活动中，要避免在与对方交谈时涉及个人隐私，要做到"八不问"——年龄不问、收入不问、婚姻不问、工作不问、住址不问、经历不问、信仰不问、健康不问。

5. 热情有度原则

在直接同外国人打交道时，不仅待人要热情而友好，更为重要的是，要把握好待人热情的具体尺度，否则就可能事与愿违、过犹不及。关键是要做到"关心有度"、"批评有度"、"交往有度"。

6. 爱护环境原则

不可破坏自然环境；不可虐待动物；不可损坏公物；不可乱堆、乱挂私人物品；不可乱扔乱丢废弃物品；不可随地吐痰；不可到处随意吸烟；不可任意制造噪声。

7. 不宜先为原则

在涉外交往中，面对自己一时难以应付、举棋不定，或者不知道到底怎样做才好的情况时，如果有可能，最明智的做法是尽量不要急于采取行动，尤其是不宜急于抢先，冒昧行事。

8. 求同存异、遵循惯例原则

涉外礼仪的基本原则之一就是求同存异原则。求同，就是要遵守国际通行的有关礼仪，重视礼仪的共性，逐渐向国际接轨。存异，则是要求对别国的礼俗不可一概否定，不可完全忽略礼仪的个性，并且要在必要的时候对交往对象所在国的礼仪与习俗有所了解，并表示尊重。

？ 思考与训练4-5

在一个阳光明媚的日子里，有位非常重要的贵宾来到某银行，小王应行领导要求在门口迎宾，他身着一身裁剪得体的新制服站在门口静候嘉宾。

一辆白色高级轿车向银行驶来，司机准确地将车停靠在银行豪华大转门的雨棚下。小王看到后排坐着两位男士，前排副驾驶座上坐着一位身材较高的外国女宾。小王移步上前，以优雅姿态和职业性动作，先为后排客人打开车门，做好护顶关好车门。然后，他迅速走向前门，准备以同样的礼仪迎接那位女宾下车，但那位女宾满脸不悦，使小王茫然不知所措。通常后排座为上座，一般凡有身份者皆在此就座。

请问：优先为重要客人提供服务是常规，这位女宾为什么不悦？小王错在哪里？

第四节　金融行业拜访礼仪

仓廪实而知礼节，衣食足而知荣辱。

——管仲

在金融活动中，客户拜访算得上是最常见的工作了。无论是市场调查、新品推广，还是销售促进、客户维护都需要拜访客户。实践证明：只要客户拜访成功，产品销售及其他相关工作也会随之水到渠成。

金融业从业者在拜访过程中，是否遵守拜访礼仪，将直接影响拜访的成效。

【案例4-5】

金勇是一位大学毕业分配到利华公司的新业务员，今天他准备去拜访某公司的王经理。由于没有王经理的电话，所以金勇没有进行预约就直接去了王经理的公司。由于金勇刚进利华公司，暂时还没有领到公司制服，所以他选择了一身休闲运动打扮。到达王经理办公室时，刚好王经理正在接电话，就示意让他在沙发上坐下等候。金勇便往沙发上一靠，跷起二郎腿，一边吸烟一边悠闲地环视着王经理的办公室。在等待的时间里，他不时地看表，不时地从沙发上站起来在办公室里走来走去，还随手翻了一下放在茶几上的一些资料。

讨论：请问金勇在这次拜访中成功的几率高吗？如果不高，请你指出他失礼的地方。

一、拜访的基本要求

拜访他人时，以下基本要求必须谨记。

1. 预约在先

约定拜访时间，是拜访的第一步。"约定"强调的是不能贸然拜访，而是要依约前往。在与客户约定时间时，要以客户的时间为准，要在客户方便的时候拜访，这样既可以充分体现出你对客户的尊重，也会在未见面时就先给客户留下较好的印象。

2. 精心准备

精心准备，体现在一定要在与客户会面前备妥拜访谈话中可能涉及的资料和名片，并确认资料摆放的顺序在出示时是否方便，它能令拜访者在客户面前表现自如。

3. 形象修饰

拜访客户，还要注意仪容修饰。拜访者的衣着要大方得体，要表现出良好的精神风貌。特别需要强调的是对头发的修饰：不要让刘海遮住眼睛，最好用发胶稍微将其固定一下；切忌用手玩弄发丝，这样会给客户留下不稳重的印象。

4. 珍惜时间

拜访者最好能在守时的前提下稍早到几分钟到达拜访地点，提前几分钟是用来搭电梯或走楼梯、整理服装仪容的时间。千万不要迟到，因为没有人愿意与不守时的人进行交易。

二、拜访礼仪的规范

1. 拜访前的准备

为了使拜访目的能够顺利实现，在拜访前，金融业从业者一定要做好以下准备：

（1）确定拜访时间。拜访时间的确定应事先征求对方意见，不能做"不速之客"；在出发之前还要再打电话与预约人进行联络确认为宜。

（2）检查携带的资料。事先应准备好拜访时需要用到的资料与物品；在出发前要再检查一遍，以防遗漏。

（3）途中沟通。拜访的地点不太清楚或迷路时，要打电话和对方联络，以了解对方所在的正确位置；如果发觉自己将会迟到，必须提前告诉对方迟到的理由，并向对方道歉。

（4）提前到达。应遵守时间，不要迟到；如果到达拜访地点时还有充裕的时间，不妨在附近走一走，以便调整心态，准确地了解拜访对象。

（5）进入前的整理。拜访前应再次检查一下自己的头发、衣服、领带、袖扣、鞋子等是否都很整洁整齐。

2. 拜访前必须注意的事项

除了做好上述拜访前的准备工作外，拜访前还需特别注意以下几项：

（1）拜访客户时要守时。如果有紧急的事情，或者遇到了交通阻塞，应立刻通知拜访的客户；如果打不了电话，应请别人代为通知；如果是对方要晚点到，此时要充分利用好剩余的时间，例如坐在一个离约会地点不远的地方，整理一下文件，或问一问接待人员是否可以利用接待室休息一下。

（2）与接待人员沟通。到达时，告诉接待人员或助理你的名字和约见的时间，递上你的名片以便能够通知对方；在等待时要安静，不要通过谈话来消磨时间，这样会打扰别人工作；即便你已经等了20分钟，也不要不耐烦地总看手表，可以问助理他的上司什么时候有时间；如果时间来不及，可以向助理解释一下并另约时间；不管你对客户的助理有多么不满，也一定要对他有礼貌。

3. 拜访的实施阶段

当拜访者被引导至办公室时，如果是第一次见面应做自我介绍，如果已经认识了，只需互相问候并握手。

（1）说好开场白。开场白应尽量让语句简洁、易懂、有新意。开场白的表述，选择适宜的问候语是很有技巧的，一定要注意少说"我"，而多说"您"、"贵公司"等。

（2）做好名片收递。名片收递礼仪在之前会面礼仪中有介绍，这里不再介绍。需要格外注意的是，如果收递名片后接下来要与对方谈话，则不要将名片收起来，应该放在桌子上，并保证不被其他东西压住，以示对对方的重视。恰当地收递名片之后，千万别忘了在离开时带走对方的名片，这是对客户最起码的尊重，而且要学会利用名片来开拓自己的人际关系。

（3）选择合适的话题。选择话题必须找出和客户接触的切入点，其关键在于挖掘和客户的共同点，如共同的爱好等。此外，还可以将客户的室内设备作为话题，或谈客户感兴趣的事，倾听客户的见解，了解其家庭状况、事业及未来希望等。

知识链接4-6

交谈时可供选择的话题

一般情况下，拜访客户时可以选择的话题有以下几个方面：

（1）气候。相关话题如季节性一般寒暄等。

（2）新闻。相关话题如报纸、电视、杂志上的内容等。

（3）嗜好。相关话题如高尔夫球、音乐、钓鱼等。

（4）旅行。相关话题如海、山、乡村等。

（5）天气。相关话题如风、雨、台风等。

（6）家庭。相关话题如孩子、家属、邻居等。

（7）健康。相关话题如疾病、长寿、胖、瘦等。

（8）职业。相关话题如工作场所、工作性质等。

（9）衣、食、住、行。相关话题如流行、式样、价格、烹饪、住宅、土地等。

（10）生计。相关话题如家计、物价等。

（4）选择合适的交谈方式。无趣的、拐弯抹角式的交谈方式，只会让客户感觉乏味，并且浪费了时间和金钱。所以，拜访时最好选择合适的较为互动的交谈方式。

知识链接4-7

互动的交谈方式

（1）引起兴趣式。举例如下：

"今天来拜访您是由于在网站上看到一篇有关贵公司的新闻，这促使我……"

"他们说您在这方面是专家……"

"作为某银行在10月份唯一的酬宾活动，我有义务一定要让您知道……"

"前几天曾寄过一封很重要的信给您……"

（2）解决问题式。举例如下：

"听您的同事提到，您目前最头疼的事情是……"

"我知道您的某某费用比较高，如果有种方法使该费用降低的话，您是否有兴趣？"

"这项活动可以使您的某种收益提升20%……"

（3）提问式。举例如下：

"您认为是炒股票的收益比较大，还是买基金……"

（4）感谢式。举例如下：

"感谢您的朋友某某介绍我与您联系……"

（5）打消顾虑式。举例如下：

"我们刚与某某银行有过合作，他们认为……"

"某某业务在刚推出来的第1个月，已经有8 000个用户购买，很多客户主动打电话来办理……"

（5）运用好自己的目光。目光运用的好坏，会在一定程度上影响拜访的效果。

①交谈时视线要看着对方。拜访时，在回答客户的咨询时，眼睛一定要注视客户，这是尊重客户最基本的礼节。需要注意的是，目光中一定要体现诚意。

②视线要保持在社交范围内。所谓社交范围指从腰际到头部之间的部分。男性员工如果和女性客户站在一起，眼睛最好不要停留在对方的胸部，否则有不尊重对方之嫌。

③视线要保持安全距离。所谓视线的安全距离是指即使你伸长手也接触不到对方身体的距离。这样会让客户感觉不到压力，才能使客户安心地与你交谈。

④眼神应充满亲切。与客户交流时，眼神一定要柔和，要充满亲切，让客户感应到友好。千万不要对客户说出类似"有什么事！""找谁！""能不能稍等一下！""等一下！"等生硬的话语。

（6）检点本人的仪态。拜访客户与客户交谈时，一定要保持正确的坐姿，要坐有坐相（男性和女性有不同的坐姿要求）。同时，肢体语言要得体，不可过于夸张。通常要求肢体语言的动作幅度不要高过头，不可宽于肩。离开时，双手放在腹部，真心诚意地向客户鞠躬表示感谢。

（7）打开客户的心扉。拜访时，要想办法打开客户心扉，与客户保持深入的交谈。询问是一个很好的打开客户心扉的方法。

知识链接4-8

打开客户心扉的询问方式

（1）询问客户得意的事。例如：

"王先生，您的事业如此成功，请问您是如何做到的？"

"陈小姐，您的手艺这么好，您认为您最得意的是哪一部分？"

"林太太，您的小孩各方面都很出色，您用的是什么有效的教育方式？"

（2）询问客户的休闲方式。例如：

"王先生，退休后，您还想做什么事情？"

"陈小姐，一般假期您都用什么方式度过？"

"林太太，当您有一天不必再为家庭付出时，您会安排自己做什么事？"

（3）询问客户最关心的人。例如：

"王先生，您很爱您的小孩，是吗？他一定很可爱吧？"

"陈小姐，您先生哪一点最吸引您，使您嫁给了他？"

"林太太，如果您出差在外，最想念的家人是谁，为什么？"

（4）询问客户所摆饰的物品。例如：

"王先生，您藏书这么多，您一般爱读哪类书？"

"陈小姐，这幅画真漂亮，是您亲自画的吗？"

"林太太，这盆花插得这么美，是不是有特别的含义？"

（5）询问客户的活动爱好。例如：

"王先生，能不能告诉我，打高尔夫球的奥秘在哪里？"

"陈小姐，您这么好的身材是不是和您经常健身有关系？"

"林太太，您打太极拳这么勤，能不能告诉我太极拳有什么好处？"

（8）避免双关语、忌讳语、不当言词。双关语、忌讳语与不当言词，都是一般人平时较为忌讳的话语，在拜访时同样应避免使用。一旦不小心触及这些话语，很有可能会令客户不舒服，甚至会产生厌恶感。

（9）多用赞美的语言。赞美用语是公关工作最好的"润滑剂"。对服务行业来说，做好对顾客的赞美工作非常重要，而对于不同对象，要从不同的方面去赞美，才能取得较好的效果。

①对年轻人的赞美。年轻人充满活力，对一切事务充满好奇心和信心，所以，赞美他们要从性格豪迈、能力强、做事努力，将来一定有非凡成就以及外表、判断力、工作表现、诚意等几方面入手。这几方面代表了绝大多数年轻人的愿望，如果能在言语中让他们美梦成真，赞美自然就会收到极好的效果。

②对男性的赞美。成熟男性最在乎的是自己的成就，所以赞美要从事业入手。

赞美其事业成功，可以使用的赞美之词如：

"能不能请教一下您经过了怎样的努力，才拥有了今天事业的成果？"

肯定其工作成果，可以使用的赞美之词如：

"不知道哪一天才可以像您一样，能够有这么好的事业，这么多的员工来帮您赚钱。"

恭维其实力，可以使用的赞美之词如：

"哇！王先生，您的实力真是无人可比啊！"

仰慕其社会地位，可以使用的赞美之词如：

"像您这么有地位的人我们真的是望尘莫及啊！"

夸奖其有气度，可以使用的赞美之词如：

"您是个有气度、有风度的男性！"

对其表现信任，可以使用的赞美之词如：

"跟您做生意不用担心，您的信用最可靠了。"

③对女性的赞美。对女性的赞美和男性不同，她们更关心自己的容貌、自己的家人，也渴望拥有足够智慧和能力，她们更敏感、更需要细致入微的赞美。所以，要想恰如其分地赞美女性，一定要了解女性的特点及关注点，这样才能打动她们。

（10）需要注意的事项。拜访的实施阶段需要注意的事项主要有以下几项：

①珍惜最初的30秒钟。初次见面，一般人30秒钟之内会形成第一印象，它将对后续的交往产生重要的影响，所以，应特别珍惜拜访最初的30秒钟。

②注意物品的搁放。拜访时随带的物品应放在客户指定处，不可随意搁放，以免给人以"侵犯"的感觉。

③礼貌招呼。如发现拜访现场有其他人在，应礼貌地点头致意。但客户不主动作介绍时，拜访人员不要询问、打听。

④适时告辞。拜访过程中，若发现客户交谈时心不在焉，或有急事要办，或有他人来访时，应长话短说，尽快礼貌地告辞。

总而言之，金融行业从业者拜访客户时，要做到精心准备、预约在先，拜访时言语得体，结束时善解人意，这样的拜访才可以称为符合礼仪规范的拜访。能成功地进行客户拜访，是一个优秀的金融行业从业者必须掌握的技能。

假如你是保险公司的职员小孙，今天要去拜访某公司的办公室主任，跟他谈一笔业务。请你模拟小孙此次拜访应该注意的礼仪规范。

要求：以分组的形式由学生模拟相关角色，进行拜访模拟演示。演示结束后由全班同学进行讨论，最后评出表现最佳的小组。

第五节　金融行业宴请礼仪

在宴席上最让人开胃的就是主人的礼节。

——莎士比亚

宴请已成为当今金融行业开展业务活动最常见的商务交往方式之一（通常是以表示答谢、祝贺、欢迎和重要签约等为主题而举行的活动），是商务交往活动重要内容的补充和延伸。宴请的目的是让宾主在一种隆重而轻松、和谐的氛围中巩固关系、加深感情、增进了解和信任，并作为拓展业务领域的契机，达到营销目的。因此，金融企业如何组织宴会，金融行业从业者如何在宴会中有得体的表现，如何通过宴会这样一种公关活动建立个人及企业良好形象就显得非常重要。

【案例4-6】

公关经理丽莎刚参加工作不久，便有同事请她下班后一起去聚餐。饭桌上的事情是最捉摸不透的，但去还是要去。当时她心里就想好了对策：难得糊涂。

一群人来到市内有名的一家餐馆，兴致勃勃地开始点菜。这家餐馆她以前也来过几次，也摸透了它家的几个招牌特色，但她仍然谦虚地说："呵呵，这家餐馆我不熟，还请指点一二啦。"大家都点差不多了，让丽莎点一个，丽莎就很迅速地点了一个招牌菜。等菜上桌的时间便是大家高谈阔论的时刻，丽莎言语不多，适时地笑一笑、点点头。菜上来了，一桌人边吃边聊，从股市暴跌讲到商场让利，丽莎心想：作为新人插嘴是必需的，否则人家会以为你故作深沉。所以，更多的时候她总是点头和赞叹。

结账的时候，丽莎也不抢着付账，毕竟一个新人工资不多，抢付账的结果只能使老员工认为你是"冤大头"，只要安静地听完他们的分账计划，丽莎掏出了自己那一份。

案例分析：该案例中的聚餐属于同事之间的便宴，是非正式宴会，较轻松随便。但对于一个初入单位的新人来说，还是要注意一些餐桌上人际交往的礼仪。丽莎认为，与同事吃饭最要紧的便是难得糊涂，少说话，适当表达自己的想法。这样的表现赢得了老同事的喜欢，奠定了她在新单位的人际关系基础。宴请是增进了解和信任、联络感情的有效手段，但宴请的成功与否，离不开礼仪这个重要的因素。

一、宴请的组织

1. 确定宴请的目的、名义与宴请对象

（1）宴请的目的要明确。对重要人物来访的宴请是为了增进了解和友谊；合作成功后的宴请，是表示对合作者的答谢；重大节日的宴请，是对各方人士表示良好的祝愿；开幕、开业或纪念活动后的宴请，主要表示祝贺；等等。

（2）宴请的对象要恰当。宴请的对象应该充分考虑邀请与特定事件有关的代表人物参加，坚持适度为原则，参加宴请的人彼此身份应该相当。邀请的范围有哪些人，邀请到什么级别，主人一方安排哪些人作陪等都应考虑周全。

2. 确定宴请的形式与规格

宴请形式与规格应根据宴请的目的、参加人员的身份、宴请的性质及内容来确定。规格过低显得失礼；规格过高亦无必要，反而造成浪费。

一般来说，正式、规格高、人数少、重大庆典或以礼节性为主题的宴请，采用宴会形式比较合适；庆祝性、纪念性的宴请采用冷餐会和酒会更显气氛；以谈论某项工作为主题的宴请，则应选择工作餐；女士间的聚会，采用茶会更合适。

3. 确定宴请的时间与地点

（1）宴请的时间。原则上应以主宾双方时间都合适为宜，注意避开对方的重大节日、假日、重要活动或禁忌。宴会一般分为午宴和晚宴，午宴一般在正午 12 时，晚宴一般在下午 5 时到 6 时。在国外，午宴不如晚宴隆重，菜肴也没有晚宴多。在国内，确定午宴还是晚宴主要是根据双方的实际情况而定，但一般多为晚宴，因为晚宴后即可休息，不会影响工作。

（2）宴请的地点。一般宴请的地点应考虑环境比较安静、空气新鲜、供应菜品具有特色的地方。比较隆重的宴会最好选择在知名度高、环境优雅、设备先进的酒店举行。

4. 发出邀请

凡是宴请，都必须发请柬，这既是一种礼貌，也可以对客人起提醒备忘之用。如果是便宴、工作餐，可通过口头或电话的方式邀请，一般不发请柬；如果是邀请最高领导者作为主宾，还需单独发邀请信。请柬一般应提前一周左右发出，以便客人及早安排。请柬发出后，应再用电话与客人进一步联系，询问客人出席情况，以便确定参加宴会的具体人数，做好充分准备。

5. 宴请的菜肴

宴请的菜肴应根据活动形式和规格，在规定的预算标准内安排。选定菜肴应考虑来宾的口味、禁忌、年龄、生活习惯、健康状况等，拟订菜单既要符合来宾的口味，又要具有地方特色，搭配合理、精致美观，让人看了赏心悦目，做到色、香、味俱全。另外，还可以用具有地方特色的食品、本地产的名酒，甚至是野菜等来招待。菜单开列后应请领导审批同意，较为隆重的宴会，还可以印制菜单。

6. 现场布置

现场布置取决于宴请活动的性质和形式，应使现场环境、气氛均能体现宴请活动的目的，表达主人的愿望。正式宴会的布置应该庄重、大方，可用适量的鲜花、绿色植物等进行点缀。庆祝、接风欢送、乔迁开张、商务宴请等则应突出喜庆、活泼、欢乐的氛围。宴请可以用圆桌，也可以用长桌或方桌，各桌之间距离要适当。如有席间音乐，乐声宜轻柔。休息厅内通常放小茶几或小圆桌，与酒会布置类同，茶几上可以放上花瓶、烟缸、干果、小吃等。

7. 席位安排

（1）中餐宴会的席位安排。举办中餐宴会一般用圆桌，每张餐桌上的具体位次有主次尊卑之分。宴会的主人应坐在主桌上,面对正门就座;同一张桌上位次的尊卑,根据距离主人的远近而定,以近为上,以远为下;同一张桌上距离主人相同的位次,排列顺序讲究以右为尊,以左为卑。在举行多桌宴会时,各桌之上均应有一位主桌主人的代表,作为各桌的主人,其位置一般应以主桌主人同向就座,有时也可以面向主桌主人就座。每张餐桌上,安排就餐人数一般应限制在 10 个人之内,并且为双数,人数过多则造成拥挤,也会照顾不过来。

在每张餐桌位次的具体安排上,还可以分为两种情况:

①每张桌上一个主位的席位安排方法。每张餐桌上只有一个主人,主宾在其右首就座,形成一个谈话中心(如图 4-1 所示)。

②每张桌上有两个主位的席位安排方法。如主人夫妇就座于同一桌,以男主人为第一主人,女主人为第二主人,主宾和主宾夫人分别坐在男女主人右侧,桌上形成了两个谈话中心(如图 4-2 所示)。

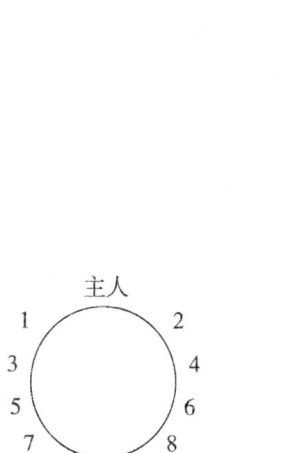

图 4-1　一个主位的席位安排　　　　图 4-2　两个主位的席位安排

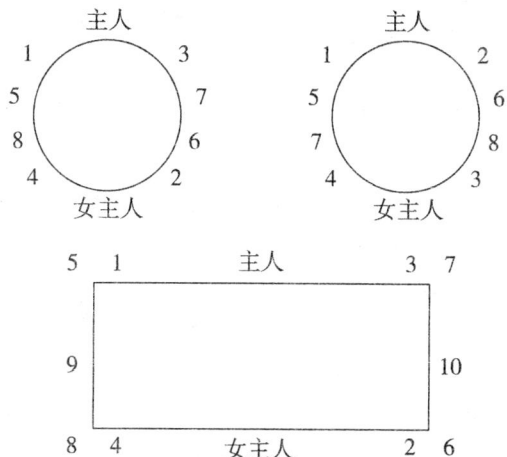

如遇主宾的身份高于主人时,为表示对他的尊重,可安排主宾在主人位次上就座,而主人则坐在主宾的位置上,第二主人坐在主宾的左侧。如果本单位出席人员中有身份高于主人者,可请其在主位就座,主人坐在身份高者的左侧。

以上两种情况也可以不作变动,按常规予以安排。

(2)西餐宴会席位安排。西餐宴会席位排列的规则如下:

女士优先。在西餐礼仪里,往往体现女士优先的原则。排定用餐席位时,一般女主人为第一主人,在主位就座。男主人为第二主人,坐在第二主人的位置上。

距离定位。西餐桌上席位的尊卑,是根据其距离主位的远近决定的。距主位近的位置要高于距主位远的位置。

以右为尊。排定席位时,以右为尊是基本原则。就某一具体位置而言,按礼仪规范其右侧要高于左侧之位。在西餐排位时,男主宾要排在女主人的右侧,女主宾排在男主人的右侧,按此原则,依次排列。

面门为上。按礼仪的要求,面对餐厅正门的位子要高于背对餐厅正门的位子。

交叉排列。西餐排列席位时,讲究交叉排列的原则,即男女应当交叉排列,熟人和生人也应当交叉排列。在西方人看来，宴会场合是要拓展人际关系，这样交叉排列，用意就是让人们能多和周围客人聊天认识，达到社交目的。

西餐就座的位置排法与中餐有一定的区别，中餐多使用圆桌，西餐则以长桌为主。长桌的位置排法主要有以下两种方式：

①法式就座方式。主人位置在中间，男女主人对坐，女主人右边是男主宾，左边是男次宾，男主人右边是女主客，左边是女次客，陪客则尽量往旁边坐（如图4-3所示）。

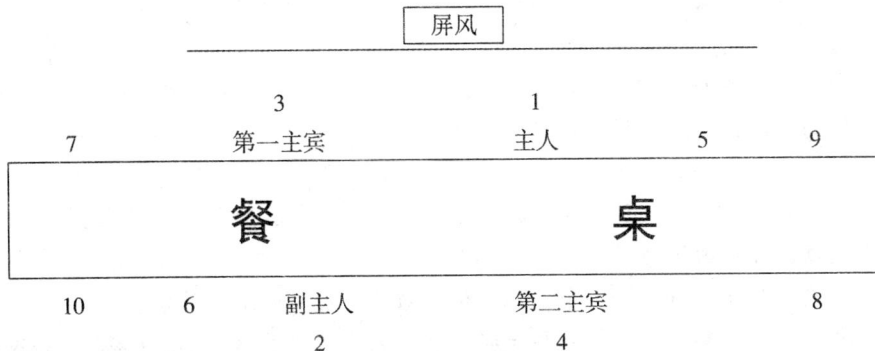

图 4-3　法式就座方式

②英美式就座方式。桌子两端为男女主人，若夫妇一起受邀，则男士坐在女主人的右手边，女士坐在男主人的右手边，左边则是次客的位置，如果是陪同客尽量往中间坐（如图4-4所示）。

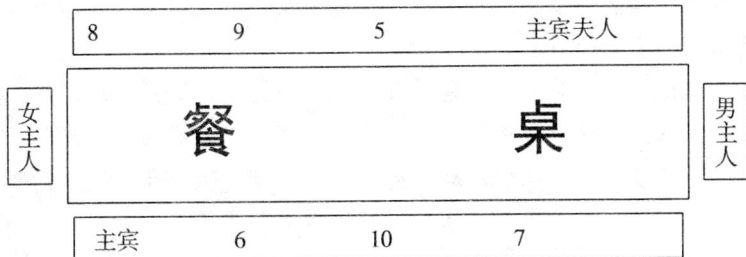

图 4-4　英美式就座方式

在隆重的场合，如果餐桌安排在一个单独的房间里，在女主人请你入席之前，不应当擅自进入设有餐桌的房间。如果都是朋友，大家可以自由就座；在其他场合，客人要按女主人的安排就座。客人要服从主人的安排，其礼貌的做法是，在女主人和其他女士坐下之后方可坐下。一般说来，宴会应由女主人主持。如果女主人说"祝你们胃口好"，这就意味着你可以吃了。如果女主人还没有发话，客人就开始用餐，那是非常不礼貌的。

〖知识链接4-9〗

宴请形式

1. 宴会

宴会（banquet）为正餐，坐下进食，由招待员顺次上菜。

（1）国宴（state banquet）。国宴是规格最高的宴会。它是国家元首或政府首脑为国家的庆典或为外国元首、政府首脑来访而举行的正式宴会。国宴需要排座次，宴会厅内挂国旗，安排军乐队奏国歌及席间乐，席间致辞或祝酒。国宴讲究排场，对宴会厅的陈设、菜肴的道数以及服务员的个人礼仪都有严格的要求。

（2）正式宴会（banquet dinner）。规格仅次于国宴，除了不挂国旗、不奏国歌以及出席人员规格不同外，大体与国宴相同，有时也安排乐队演奏席间音乐，宾主均按身份排位就座。许多国家正式宴会十分讲究排场，在请帖上注明对客人服饰的要求。

（3）便宴。非正式宴会，特点是较随便、亲切，适用于日常友好交往。常见的便宴有午宴和晚宴，有时也有早上举行的早宴。这类宴会形式简便，可以不排座次，不作正式讲话，菜肴道数亦可酌减。

（4）家宴。在家中设的便宴，往往由主妇亲自下厨烹调，家人共同招待。家宴由于容易营造友好的气氛，因此运用得比较多，在西方比较流行。

2. 招待会

招待会（reception）是指各种不备正餐的较为灵活的宴请形式，一般备有食品、酒水饮料，不排座位，可自由活动。常见的形式有：

（1）冷餐会（buffet dinner）。冷餐会又称自助餐，特点是不排席位，轻松自由。菜肴以冷为主，也可冷热兼备。菜肴与餐具一起陈设在桌上，供客人自取，取食时应适量，可多次取食。酒水可放在桌上，也可由招待员端送。冷餐会一般不排座位，但我国举行的大型冷餐招待会，主宾席通常排座位，其余各席不固定座位。冷餐会地点可设在室内，也可设在室外花园里。举办时间一般在中午12时至下午2时、下午5时至7时左右。这种形式常用于官方正式活动，宴请众多的宾客，隆重程度可高可低。自助餐开始时，主客都可以讲几句祝贺、致意之类的话，中间也可以放几段音乐或表演一些小型节目，以达到活跃气氛、调动情绪和增进友谊的目的。

（2）酒会（cocktail）。酒会又称鸡尾酒会，特点是时间灵活，形式活泼，便于广泛交流。酒会不设座椅，仅置小桌，以便客人随意走动。酒会以酒水为主，但不一定都是鸡尾酒，佐以各种小吃、果汁，不用或少用烈性酒。酒会在中午、下午、晚上均可举行，请柬上一般注明酒会起讫时间，客人可在其间任何时候入席和退席，来去自由，不受约束。参加者衣着方面不用过于讲究，尽量整洁即可。

3. 茶会

茶会（tea party）是一种简便的招待形式，请客人品茶交谈，一般在下午4时左右（亦可在上午10时左右）举行。茶会通常设在客厅、会议室等场所举行；厅内设茶几、座椅，不排席位；如为贵宾举办，则应将贵宾与主人的座位安排在一起，其他人员可随意就座。茶会的茶叶、茶具一般都较讲究，要有特色，茶具只能用陶、瓷茶具。外国人一般用红茶，也可用咖啡。此外，茶会上还可略备点心和地方小吃。

4. 工作进餐

工作进餐是常用的一种非正式宴请形式，规格较低，有时还是参加者各自付费，双方利用进餐的时间边吃边谈。这种形式通常在特别繁忙或日程安排不开时采用，招待合作者、洽谈工作或小批客人来访、一般的会议餐等多采用这种形式。

二、宴请过程中的礼仪

1. 主人应注意的礼节

（1）迎宾、引客入座。作为宴会的主人，在宴会之前应到门口等候、迎接客人，必要时还可安排几个主要人员陪同迎接。主动和每位来宾打招呼、问候表示欢迎，如果是正式宴会，当宾主握手寒暄后，可交由工作人员陪同至休息厅休息。如无休息厅，则可直接引入宴会厅，但暂不入座，等待主宾。休息厅内应有相应身份的人员陪同，并安排服务人员上茶水、饮料。休息厅内应事先备有各种报纸、杂志、画册或播放电视节目等，使客人有宾至如归之感。主宾到达后，由主人陪同进入休息厅与其他客人见面，然后进入宴会厅入座，接待人员随即引导其他宾客相继入厅就座，宴会即可开始。

如果休息厅较小或宴会规模太大，也可以请主桌以外的客人先入座，贵宾席最后入座。

（2）致词、祝酒。正式宴会一般均安排致词环节，但安排的时间不尽一致。有的放在开始，也有的放在上热菜之后，上甜食之前。先由主人致词，接着由客人致答词。致词时，服务人员要停止一切活动，参加宴会的人员应暂停饮食，专心聆听，以示尊重。致词毕则祝酒，故在致词即将结束时，服务人员要迅速替所有人斟足酒，供主人和主宾祝酒用。

（3）上菜、介绍菜肴。上菜应按顺序进行，中餐一般是先上冷盘，再上汤菜，最后上甜食、水果。西餐上菜顺序一般为面包、汤、菜肴、布丁、咖啡或红茶等。上菜在左，食品应从每个客人左侧端上，空盘等则通常从右侧撤下。新上的菜，要放在主宾面前，余菜则做相应的移动。如果上"孔雀"、"凤凰"等花色冷盘或全鱼、全鸡等大菜时，一般需将头部对准主宾和主人，以求尊重。

上菜时，服务人员应报菜名，介绍菜的特色。进餐过程中，为调节气氛，增进客人的食欲，对于特色菜，主人应进一步加以介绍，如菜的色、香、味及制作特点等，不但可以活跃气氛，还能使客人对宴会留下深刻的印象。

（4）侍应和斟酒顺序。按国际惯例，侍应顺序应从男主人右侧的女宾或男主宾开始，接着男主人，由此自右向左按顺时针方向进行。如果宴会规格较高，须由两人担任侍应，其中一个按上述顺序开始，另一个从女主人（第二主人）右侧的宾客开始，依次向左按顺时针方向进行。

上菜、派菜、分汤、斟酒，均按上述顺序进行。与上菜不同，斟酒在右，主要是为宾客方便起见，除啤酒外，酒瓶瓶口不应接触杯沿，酒杯也不应提起。斟入的酒之多少应根据酒的种类酌定，一般斟入2/3即可。中式宴会，从开始上冷盘即开始斟酒；西式宴会，是一开始就斟酒，还是在上主菜时斟酒，应按照主人的安排而定。在逐一斟酒时，服务人员应将托盘内的酒水饮料介绍给客人，征求客人意见后再按需斟之。

（5）话题选择。宴请并不是目的，借此相互认识、了解交流、增进友情、加强协作才是目的。因此，席间一味地埋头吃是不礼貌的，主宾双方应就彼此都感兴趣的话题亲切交谈。话题的选择可以广一些，如风俗人情、琴棋书画、天文地理、电视电影、社会信息、市场信息、市场供应、文艺体育、烹饪技术、社会时尚等，宴会中不宜深入谈到具体的、实质性的问题，要"多叙友情，少谈工作"，切不可把餐桌变成谈判桌，以免陷入僵局，使双方不快。

（6）适时敬酒、调节气氛。敬酒可以使宴会气氛更加热烈，主人应该察言观色，时刻注意客人的情况，以便在适当的时机敬酒，敬酒应以年长、尊贵的来宾为主要对象。宴会中发现一些酒量好的客人，可以鼓励他们对饮，但有些客人酒量很小，甚至不会饮酒，则礼让之后，不要强其所难，应以水代酒或自便即可。

在宴请过程中，主人一般要依次向所有宾客敬酒，或按桌敬酒。敬酒时，上身要挺直，双腿站稳，以双手举起酒杯，并向对方微微点头示礼，等对方饮酒时再饮。敬酒的态度要稳重、热情、大方。需要一一敬酒时，主人应按礼宾顺序先向主宾，再依次向其他宾客敬酒。在宾客较多的场合，主人可依次到各桌敬酒，并提议大家一起干杯，这时主人只要举杯示意即可，不必一一碰杯。

（7）掌握时间、礼貌送客。一般宴会应掌握在 90 分钟左右，最多不超过 2 小时为宜。过早结束，会使客人感到不尽兴，甚至对主人的诚意表示怀疑；时间过长，则宾主双方都感到疲劳，反而冲淡宴会的气氛。因此，当宴请程序基本完成时，主人要掌握时机，适时结束宴会。一般以服务人员端上水果吃完后，宴会即为结束。此时，一般先由主人向主宾示意，请其做好离席的准备。然后与主宾起立，主人宣布宴会到此结束，并对各位宾客莅临宴会表示衷心感谢。主人有时为参加宴会者备有小纪念品，宴会结束时，主人要招呼宾客带上纪念品。主人及相关陪客应先将主宾送至门口，热情握手告别。主宾离去后，原迎宾人员应顺序排列，与其他宾客礼貌握手告别。

如有安排余兴活动，如卡拉 OK、舞会或喝茶、打牌等，可挽留有兴趣的来宾自由参加，主随客便。

2. 客人应注意的礼节

（1）赴宴前的准备。

①接受邀请。接到宴会邀请后，能否出席应尽早给对方明确答复，以便主人妥善安排，接受邀请后不要随意改动，万一遇到特殊情况不能出席时，尤其作为主宾，应尽早通知对方，深表歉意并做必要的解释。

②仪容仪表。出席宴会前，应根据宴请场合的要求对仪容、仪表做适当的修饰。衣着要求整洁得体、美观大方。整洁得体的着装，精神饱满、容光焕发地赴宴，不仅会给宴会增添隆重、热烈的气氛，也会使主人因感到受人尊重而高兴。

③准备礼物。参加某些宴请还需备礼，特别是家庭宴会，礼物可根据宴请的性质和主客双方的关系而定，可赠送花篮或花束，也可赠送食品、工艺品等。礼品价值不一定很高，但要有意义。

（2）入席和退席礼仪。

①应邀参加宴会，首先必须明确宴席的时间和地点，以便准时到达。

②入席前最好先弄清自己的桌次和座位，以免入席时东张西望有失风度

③入席时应礼让女士和长者先行，习惯上从左侧入座，男子应主动为女士拉椅子让座。如无座次，也应把好的位置让给女士和长者。

④入座后坐姿要端正，切不可用手托腮或将双肘放在桌上，也不要随意翻动菜单，摆弄餐具和餐巾，这些举动都会给人以迫不及待的坏印象。解决一双空手的最好办法是将其放在自己的腿上。注意不能将脚搁在椅挡上，或随便乱伸，踢到别人都将有失礼仪。

⑤宴会结束时往往要看主人和主宾，通常主宾退席，其他客人便可离座，退席时多从左侧，男士可帮邻座女士把椅子拉开。如因故要提前退席，须向主人说明并表示歉意，切忌不辞而别。

（3）席间礼仪。

①当你坐定后，服务员会递上一块湿毛巾，此时你应礼貌地接下，并轻轻地擦拭自己的双手和嘴角，不能用来擦脸、脖子或手背。

②当主人示意开始用餐，你便可将桌上的餐巾抖开，平摊在自己的双腿上。但应注意，中式餐是将餐巾全部打开，西式餐午餐也是如此，晚餐将餐巾打开至双折为止，不能用餐巾来擦拭餐具或酒具，假如你中途要离开一下，应将餐巾稍折一下放回桌上，而绝不能放在椅子上，这样给人以不清洁的感觉。

③在进餐过程中，吃相要文雅，每次取食不宜过多，不够时再添。吃东西时尽量不要发出声音，闭嘴咀嚼（尤其是女士），喝热汤不要吹，待汤稍凉后再喝。嘴内的鱼刺、骨头不要直接外吐，要用手或用筷子取出，或轻轻吐在叉上，放在餐盘内。吃剩的菜、用过的餐具、牙签，都应放在盘内，勿置桌上。用牙签剔牙时要用手或餐巾把嘴捂住。

④此外还应注意礼貌礼节，如主人或侍者送上不对口味的菜肴，可少许取一点，说声"够了，谢谢"。无论是酒还是调味品，只能选择已有供应的，不要贸然提出要什么，因为这会令主人感到难堪，好像主人准备不周到似的。

⑤饮酒要有节制，喝醉了容易失礼。席间尽量不要退席，如因打电话或去厕所离座，尽量不惊动邻座，可说声"对不起，一会儿就回来"。西方人席间多不吸烟，亦不劝酒。

⑥席间交谈不应只同熟人或左右邻座说话，也不要缄默不语。如互不相识，可先自我介绍。席间交谈应多选同桌人共同关心的话题。

⑦主人祝酒致词时，应停止一切活动，认真聆听，不可做无关小动作。主人前来敬酒碰杯或相互间碰杯时，应目视对方，面带微笑，点头致意。人多时也可同时举杯共祝，不必一一对碰。

知识链接4-10

西餐的一般礼仪

1. 预约的窍门

越高档的饭店越需要事先预约。预约时，不仅要说清人数和时间，也要表明是否要吸烟区或视野良好的座位。如果是生日或其他特别的日子，可以告知宴会的目的和预算。在预定时间内到达是基本的礼貌。

2. 西餐厅的着装

去高档的餐厅，男士要穿着整洁的上衣和皮鞋；女士要穿套装和有跟的鞋子。如果指定穿正式服装的话，男士必须打领带。

3. 如何入座

由椅子的左侧入座。当椅子被拉开后，身体在几乎要碰到桌子的距离站直，领位者会把椅子推进来，腿弯碰到后面的椅子时，就可以坐下来。

4. 用餐姿势

用餐时，上臂和背部要靠到椅背，腹部和桌子保持约一个拳头的距离，两脚交叉的坐姿最好避免。

5. 正式的全套餐点上菜顺序

通常的顺序是：菜和汤；鱼子酱；水果；肉类；乳酪；甜点和咖啡；水果。此外还有餐前酒和餐酒。以上餐点没有必要全部都点，点太多却吃不完反而失礼。稍有水准的餐厅都不欢迎只点前菜的人，前菜、主菜（鱼或肉择其一）加甜点是最恰当的组合。点菜并不是由前菜开始点，而是先选一样最想吃的主菜，再配上适合主菜的汤。

6. 点酒时不要硬装内行

在高级餐厅里，会有精于品酒的调酒师拿酒单来，对酒不大了解的人，最好告诉他自己挑选的菜色、预算、喜爱的酒类口味，请调酒师帮忙挑选。

7. 餐巾的使用

餐巾在用餐前就可以打开。点完菜后，在前菜送来前的这段时间把餐巾打开，往内折三分之一，让三分之二平铺在腿上，盖住膝盖以上的双腿部分。最好不要把餐巾塞入领口。

8. 用三根手指轻握杯脚

酒类服务通常由服务员负责将少量酒倒入酒杯中，让客人鉴别一下品质是否有误。只需把它当成一个例行程序，喝一小口并回答"Good"。接着，侍者会来倒酒，这时，不要动手去拿酒杯，而应把酒杯放在桌上由侍者去倒。正确的握杯姿势是用手指轻握杯脚，为避免手的温度使酒温增高，应用大拇指、中指、食指握住杯脚，小指放在杯子的底部固定。

9. 喝酒的方法

喝酒时绝对不能吸着喝，而是倾斜酒杯，像是将酒放在舌头上似的喝。轻轻摇动酒杯让酒与空气接触，以增加酒味的醇香，但不要猛烈摇晃杯子。此外，一饮而尽或边喝边透过酒杯看人，都是失礼的行为。不要用手指擦杯沿上的口红印，用面巾纸擦较好。

10. 面包的吃法

先用两手将面包撕成小块，再用左手拿来吃。吃硬面包时，用手撕不但费力而且面包屑会掉满地，此时可用餐刀将其先切成两半，再用手撕成块来吃。切面包时可用手将面包固定，避免发出声响。

11. 如何使用刀叉

基本原则是右手持刀或汤匙，左手拿叉。刀叉的拿法是轻握尾端，食指按在柄上。汤匙则用握笔的方式拿即可。如果感觉不方便，可以换右手拿叉，但更换频繁则显得粗野。吃体积较大的蔬菜时，可用刀叉来折叠、分切。较软的食物可放在叉子平面上，用刀子整理一下。

12. 略作休息时，刀叉的摆法

如果吃到一半想放下刀叉略作休息，应把刀叉以八字形状摆在盘子中央。若刀叉突出到盘子外面，不安全也不好看。另外，边说话边挥舞刀叉是失礼举动。用餐后，将刀叉摆成四点钟方向即可。

13. 手持汤匙的方式

右手持汤匙的柄端，食指在上，按住汤匙的柄，拇指和中指在下支撑。有的朋友持汤匙的方式是拇指在上，按住调羹的柄，食指和中指在下支撑，这是不正确的。

? 思考与训练 4-7

张强是招商银行某支行的办公室职员，某天省分行的领导来视察工作，支行行长请他订了一个包间进行宴请。请问张强该做哪些准备呢？

第六节　金融行业会议礼仪

在人与人的交往中，礼仪越周到越保险。

——托·卡莱尔

　　会议是一项经常性的公务活动，它是为实现一定目的由主办或主持单位将有关单位和人员组织起来，研究、讨论有关问题的一种公务活动方式。会议的类型很多，以规模划分，有小型、中型、大型会议；以内容划分，有业务会议、座谈会、报告会、总结会、表彰会、学术研讨会等；以会议所涉及的范围划分，有例会、单位工作会议、联席会议、行业系统会议等。不同类型的会议对礼仪的要求不同，礼仪的繁简也与会议的规模、内容、规格、级别密切相关。

　　【案例4-7】

"时装秀"方案

　　某服装集团为了开拓夏季服装市场，拟召开一个服装展示会，推出一批夏季新款时装。秘书小李拟了一个方案，内容如下：

　　(1) 会议名称："2013年××服装集团夏季时装秀"。

　　(2) 参加会议人员：上级主管部门领导2人；行业协会代表3人；全国大中型商场总经理或业务经理以及其他客户约150人；主办方领导及工作人员20人。另请模特公司服装表演队若干人。

　　(3) 会议主持人：××集团公司负责销售工作的副总经理。

　　(4) 会议时间：2013年5月18日上午9：30—11：00。

　　(5) 会议程序：①来宾签到，发调查表；②展示会开幕、上级领导讲话；③时装表演；④展示活动闭幕、收调查表，发纪念品。

　　(6) 会议文件：会议通知、邀请函、请柬、签到表、产品意见调查表、服装集团产品介绍资料、订货意向书、购销合同。

　　(7) 会址：××服装集团小礼堂。

　　(8) 会场布置：蓝色背景帷幕，中心挂服装品牌标识，上方挂展示会标题横幅。搭设T型服装表演台，安排来宾围绕就座。会场外悬挂大型彩色气球及广告条幅。

　　(9) 会议用品：纸、笔等文具；茶水、饮料；照明灯、音响设备；足够的椅子；纪念品（每人发××服装集团生产的T恤衫1件）。

　　(10) 会务工作：安排提前来的外地来宾在市中心花园大酒店报到、住宿；安排车辆接送来宾；展示会后安排工作午餐。

　　案例分析：小李的会议方案缺少一项重要的内容，那就是来宾的座位安排，在有不同层次的人员出席同一个活动的情况下，座次安排是非常重要的。

　　一、大中型会议礼仪

　　1. 会议筹备礼仪

　　(1) 成立会务组。会议规模较大且较重要的会议，会前应成立会务组（或筹备组），负责对会议进行周密策划和具体部署，以保证会议能够顺利进行。

（2）确定会议主题。会议的主题要内容明确，如安排多项内容，也应有主有次，而后围绕会议的主题确定会议的形式、内容、任务、议程、会期、参加人员等。

（3）拟发会议通知。会议通知其内容应准确、具体、完备。它包括：要明确会议的事由和名称；要明确会议的议题；要明确会议的起止时间；要明确报到的时间、地点、交通路线；要明确与会人员；要明确会议要求，如所需材料、会议费用及其他有关事宜。

会议通知要提前下发，以便与会者做好充分的准备。

（4）拟好会议文件。会议所用的各种文件材料均应于会前准备好，如开幕词、讲话稿、发言稿或主题报告。会议接近尾声时，还要提前准备好闭幕词。

（5）布置好会场。会议场所的大小要适中。会场的布置要与会议的性质和内容相称，如重要的工作会议应庄重严肃些、学术会议应轻松活跃些、表彰会应欢快喜庆些。对会议使用的音响、照明、摄像、多媒体等设备，要事先调试好。

（6）安排好座次。大中型会议座次的安排一般都是授课型布局，会场内分设主席台与群众席。主席台上的座次应根据地位、职务的高低来排列。依我国的惯例，座次的安排是前排高于后排，中央高于两侧，左座高于右座。为使座次安排井然有序，应事先在就座者位置前摆放写有其姓名的名签。群众席的座次排列，应以会议的情况而定，或按单位、或按部门、或按行业系统划定区域入座，也可按入场先后次序自由就座。

（7）安排好接待和服务。会议中的接待和服务工作十分重要，诸如迎送、签到、交通、食宿、引导、保卫、医务、其他活动的安排等，应精心准备，一一落实。

（8）安排好会议时间。对于会议的起止时间、休息时间、发言时间、讨论时间，应有明确的规定，避免拖沓随意，影响会议效率。

（9）做好会议记录。凡较重要的会议，无论是全体大会，还是分组讨论，都应由专人负责做好会议记录，为编发简报做好材料的基础工作。

（10）编写会议简报。较重要的会议，都应及时编发会议简报，以便会上沟通交流和会后传达贯彻。

知识链接 4-11

会议接待服务流程

1. 会议接待程序

（1）了解会议的时间、地点、人数、性质及会型等，根据通知要求准备茶水、饮料、矿泉水、鲜花、水果、投影仪、话筒、演讲桌。

（2）严格按照要求布置好会场，摆放好物品。

（3）提前30分钟布置好会场，并调试好各项设备，以保证会议正常使用，提前20分钟在门口迎接客人并引领客人至会议室。

（4）主席台按照自左向右，自前向后的顺序斟茶。

（5）会议开始后，尽量避免打扰客人，一般会议可以间隔20~30分钟添加茶水一次，并注意在更换烟缸时正确使用托盘。

（6）会议接待中，服务人员应面带微笑，表现大方、得体（重要会议除非有通知或特殊要求，一般不可随便进入）。

（7）主动征求会议负责人及客人的意见，做好记录及时向上汇报。

（8）及时做好恢复和准备会场工作，会议室门口要及时更换会议名称，电梯口设好指示牌。

（9）会议结束时，服务人员应及时打开会议室的门，面带微笑站在门口内侧，客人离开会议室时，礼貌道别并引领送别客人。

2. 会议准备程序

（1）会议室灯光及设施设备提前30分钟进行检查。

（2）接待服务人员提前30分钟在会议室及电梯口迎接客人。

（3）客人到达时，服务人员引领客人入会场并递上茶水。

（4）贵宾到达时，1分钟内把香巾、茶水送上。

（5）所有会议室备足茶水、纸笔及椅子。

（6）所有茶具消毒后方可使用，确保卫生质量。

（7）确保会议接待物品齐全。

（8）确保茶具、烟缸等物品清洁、无污渍、无破损。

（9）香巾消毒（贵宾配备香巾）。

（10）根据需要备好签到桌、座牌、白板、投影仪、幕布、话筒、火柴等。

（11）任何部门需要使用会议室开会，必须先到办公室办理手续，由办公室统一安排。未经同意不得使用会议室。

2. 主持人礼仪

（1）会议的主持人应由具有一定职位和主持能力的人担任。

（2）主持人应仪表堂堂、大方庄重、精神饱满、思维敏捷、口齿清楚、善于表达。

（3）主持人走上主席台时步伐应稳健有力，步幅与行走速度要适中。

（4）主持人站立主持时应双腿并拢，腰背挺直。单手持稿时，左手五指并拢自然下垂；双手持稿时，稿件应与胸齐高。

（5）主持人应维护会场秩序，遵守会议规则，并按会议性质调控会议气氛。

3. 发言人礼仪

会议发言包括致开幕词、领导讲话或作报告、代表发言、致闭幕词等。发言人礼仪要注意以下几个方面：

（1）准备好发言的文稿。要明确"我该讲什么、我准备怎么讲、我讲多长时间"，切忌临场发挥，漫无中心，不知所云。

（2）控制好发言的时间。开幕词、闭幕词要短小精悍，切中会旨。讲话和报告要突出重点，时间不能太长。

（3）表达要有魅力。发言人应用普通话，语言要生动形象，情绪要饱满高涨，声音要抑扬顿挫，使发言具有感染力和号召力。书面发言时，要时常抬头扫视会场，切忌埋头读稿，旁若无人。发言结束时，要向听众表示谢意。

4. 参会人员的礼仪

（1）着装得体。参会者着装要正规、整洁、庄重、得体。

（2）严守时间。参会者要按时到会，不迟到，不早退。

（3）遵守秩序。参会者要依次入场，进出有序，并按要求落座；在会场内要始终保持安静，不窃窃私语，不随便走动，不使用手机。

（4）专心听讲。参会者要精力集中，认真听讲，做好记录，并适时报以掌声。

（5）积极讨论。参会者在分组讨论时，要积极发言，不要无动于衷。

二、几种常见会议礼仪

1. 例会的礼仪

例会也称为办公会。会议的内容以传递信息、交流情况、安排布置工作为主。例会是内部会议，范围小、时间短，所以礼仪比较简单。一般应注意以下几个方面：

（1）例会是制度性会议，除非遇特殊情况，否则不能取消或改期。

（2）与会人员不能出席时，应当提前请假，必要时派他人替代。

（3）例会要重点突出，短小精悍，不能现场解决的问题，可另行安排。

（4）与会人员要做好会议记录，以便汇报或传达。

2. 座谈会的礼仪

座谈会是邀请有关人士，围绕某一议题进行讨论，或为沟通情况、征求意见、增进情感而举办的小型会议。座谈会的礼仪有以下几个方面：

（1）内部座谈可用通知的形式告知与会者。通知要写明座谈的时间、地点、内容和具体要求。如有外部嘉宾应提前下发邀请函。

（2）会场的选择与安排要紧凑，一般采取 O 形或 U 形排列，营造的气氛要平等、轻松、友好。

（3）如有外部嘉宾，主持人要一一介绍，并表示欢迎。

（4）主持人要活跃会场，引导发言，使与会者畅所欲言。

（5）发言的形式顺序可灵活不拘，且允许争论，发表不同意见。

（6）座谈会结束时，主持人应作简要归纳，并对嘉宾表示感谢。

3. 报告会的礼仪

报告会是请专家学者、先进人物或其他人士进行专门报告的会议。报告会的礼仪主要有：

（1）接送报告人，并安排相应的陪同人员。

（2）会场应选择教室型，并设有主席台；会场的气氛应热烈，并挂有欢迎的横幅。

（3）报告会开始时，应由主持人对报告人予以介绍并表示欢迎。

（4）报告会的时间安排不能太长，听众数量宜多不宜少，最好是座无虚席。

（5）报告会如要录音，应征询报告人的同意。

（6）听众如有提问，可采取递纸条的形式；如报告人留有对话的时间，可口头提问。

（7）听众应始终保持安静，注目倾听，不可读书看报或做其他小动作。

（8）报告会结束时，主持人应再次表示感谢，全体与会者应报以热烈的掌声。

？ 思考与训练 4-8

中国建设银行某分行新员工培训结束了，现在分行领导请办公室的小孙组织一个座谈会。在此情境下，组织班级学生分组进行如下模拟练习：

（1）讨论座谈会的礼仪和工作规范。

（2）讨论座谈会策划方案。

◉ **本章小结** ◉

本章我们学习了金融行业日常的公务礼仪，主要包括金融行业会面礼仪和办公室礼仪、金融行业客户接待礼仪与拜访礼仪、金融行业的宴请礼仪和会议礼仪。作为金融行业从业者，掌握了会面礼仪和办公室礼仪，有助于维护组织和个人形象，建立良好的人际关系，提高工作效率；做好客户的接待和拜访工作，可以强化客户关系，维护金融行业的整体形象，显示金融行业的文化品位，刺激顾客消费欲望；熟悉了宴请礼仪，可以在隆重而轻松的氛围中巩固关系、加深感情、增进了解和信任，并为业务拓展创造契机；熟悉了会议礼仪，可以在承办会议这种公务活动时游刃有余、井然有序，给客户留下规范严谨的印象。总之，上述礼仪对于处理金融日常公务、洽谈金融业务、接待来宾起着不可忽视的作用。

◉ **本章复习题** ◉

一、简答题

1. 做自我介绍时需要把握哪些原则？

2. 为他人做介绍时应该注意些什么？

3. 与人交谈时应注意哪些基本规范？

4. 金融行业员工怎样才能与同事和睦相处？

5. 金融行业员工拜访和接待的基本要求分别是什么？

6. 正式宴会座次有何讲究？

二、实训题

王林是某银行办公室的员工，他每天都要接待来宾。一天，王林陪同几位重要客户去信贷部门，碰巧在走廊上遇见了行长，王林将行长与几位重要客户进行了介绍。

［实训要求］

1. 熟悉自我介绍和为他人作介绍的基本规则和形式。

2. 熟悉金融行业员工接待客户过程中的礼节和规范。

3. 将学生分为6人一组模拟情景进行练习。

4. 开展组间讨论，进行互评。

［实训提示］

1. 介绍是社交活动中最常见、最重要的礼节之一，一个擅长于此的人往往可以借由被介绍、自我介绍或介绍他人的动作中，展现出随和、可靠、精干、博学的特征。

2. 接待客户来访的礼仪历来都受到金融行业的重视。关注接待过程中的细节礼仪，如走姿、握手、交谈等。

第五章

银行岗位服务礼仪

学习目标

通过本章学习，你应该：

1. 理解银行规范化服务的作用、主要内容及开展规范化服务的原则和注意事项；

2. 了解岗位礼仪的作用、特点及基本内容；

3. 掌握金融行业岗位服务工作中的具体礼仪规范要求，掌握商业银行柜台服务、客户接待、纠纷处理等金融服务岗位开展各项业务活动的技能、技巧与开展服务工作的礼仪规范。

导言

银行岗位服务礼仪，是指银行业从业人员在岗前准备、柜台服务、客户接待、突发事件处理等环节履行岗位职责时，以约定俗成的规范程序、方式来表现的律己敬人、优质服务的完整行为。

银行岗位服务礼仪的实施，有利于塑造银行业从业人员及企业自身的形象，有利于确立企业的核心竞争力，有利于区别金融企业之间产品的同质化，有利于提升客户的满意度及忠诚度。

因此，银行业从业人员要将岗位服务礼仪的实施作为自己的主要职责，坚决贯彻执行。

第一节　岗前准备

公司不能保证你的饭碗。只有让顾客满意，才能保住饭碗。

——杰克·韦尔奇

优秀的服务品质，既取决于各岗位文明得体的服务礼仪，也取决于健全的服务功能、快捷的服务效率，以及优美舒适的服务环境、先进高效的设备设施等。

因此，要做好上述工作，岗前准备是必须重视的一个重要环节。

【案例5-1】

2013年8月份的某一天，购买国债的客户早早地就在某银行营业部门外排起了长龙。

银行各部门做好岗前准备后，相关工作人员从7点整起就在门口发放了号牌。为了避免开门后客户在大厅排队造成的拥挤，他们在7点半就早早地打开了大门，将客户迎进了清凉的营业大厅。

大堂经理提前让客户填好单子，并为其复印好身份证件。由于银行工作人员提前做了许多准备工作并临时增加了柜台窗口，所以在8点半正式营业后，柜员们办理业务的速度很快。客户们业务办理秩序井然，时间不长，50多名客户都买到了国债。

有一位老年客户感慨地说："到你们银行的感觉真好，以后我还来你们这里办业务。"

案例分析：该行的做法之所以能得到客户发自内心的称赞，在于他们能"以变制变"、"因您而变"，随着客户的需要而改变服务方式；在于他们能换位思考，把客户当亲人；在于他们也从自身的工作考虑，提早做好岗前准备，提前开门把客户请进来，避免拥挤，保证了后续工作的顺利进行。

一、心态调整

对于金融业从业者而言，心态调整是否正确、到位，将影响到服务工作的态度与服务工作的质量。"心态决定一切"，金融业从业者在岗前调整好服务心态，检查好仪容仪表，做好各项岗前准备工作，这既是良好服务的开端，也是优质服务的保证。

心态调整的具体方法有如下几种：

1. 角色认知

在金融服务工作中，金融业从业者要认识到，自穿上制服的那一刻起，自己的身份已经不再是上岗前的那个自己了。岗位上的自己就只扮演"金融业从业者"这一个角色。无论面对男女、老少，还是业务金额的大小，都是宝贵的客户，该角色所要做的就是满足客户的正当需求，提供优质服务。

因此，心态调整的第一步就是清楚地认识自己、认识服务、认识客户。归根结底一句话，就是要求金融业从业者树立正确的客服意识。这是调整心态的基础，也是一切正确服务心态的基础。

2. 心怀感恩

心怀感恩，感恩社会，善待他人，必将种下一片希望，收获一片关怀。

如何能做到心怀感恩地对待客户、同事与企业呢？这是一个良好服务心态的修炼过程。没有客户的光顾，再好的金融机构也是摆设，再好的服务技能也是空谈，再好的服务承诺也是白说；没有同事的配合，再强的个人能力也得不到淋漓尽致地发挥，再好的服务流程也难免出现漏洞；没有企业的支持及给予，再好的表演也失去了舞台，再好的业务也失去了支撑。

以感恩的心去对待周边的人和事，对待客户、同事与企业，一切以积极的态度、行动去付出，收获的也将是积极的回报。

3. 积极主动

坦然接受生命中不可能改变的，心怀感激地对待它；积极主动地奋发图强，为自己及企业主动付出，这是一种责任，一种对自我、对企业的责任。有责任心的员工，是能创造出优质服务的员工。

4. 付诸实践

在实际工作中，可以运用口号激励、舞蹈、故事分享等方式来调整员工的心态。这些积极的形式，一方面可以告诫员工此时已进入工作状态，请全身心投入；另一方面，可以营造营业前积极向上的服务氛围。例如，有些营业厅在岗前准备时跳"开场舞"，还有的营业厅在岗前准备时大声呼喊企业服务宗旨，这些都是很好的调整心态的方式。

二、仪容仪表检查

仪容仪表的检查是岗前准备的一项重要工作，它对于塑造及维护从业者及企业的专业形象是非常必要的。每天定时进行仪容仪表的自检及互检，可以起到约束、美化从业者形象的作用。表 5-1 是岗前准备的仪容仪表检查表，列示了男性员工和女性员工岗前仪容仪表检查的具体项目。

表 5-1   仪容仪表检查表

部位	男性	女性
整体	自然、大方、得体，符合工作需要及安全规则；充满活力，整齐清洁	
头发	头发要经常梳洗，保持整齐清洁、自然色泽，切勿标新立异	
发型	男员工前发不过眉，侧发不盖耳，后发不触后衣领，无烫发	女员工发长不过肩，如留长发须束起或使用发髻
面容	脸、颈及耳朵绝对干净，每日剃刮胡须	脸、颈及耳朵绝对干净，上班要化淡妆，但不得浓妆艳抹，也不能在办公室内化妆
身体	注意个人卫生，保持身体、面部、手部清洁。勤洗澡，无异味。上班前不吃异味食物，保持口腔清洁；上班时不在工作场所内吸烟、饮酒，以免散发烟味或酒气	
饰物	领带平整、端正，长度一定要盖过皮带扣。领带夹夹在衬衣自上而下第四个扣子处	注意各部细节，丝巾是否围好，内衣不能外露等
	上班时间不佩戴夸张的首饰及饰物	
衣服	1. 工作时间内着本岗位规定制服，非因工作需要，外出时不得穿着制服。制服应干净、平整，无明显污迹、破损； 2. 制服穿着按照公司内务管理规定执行，不可擅自改变制服的穿着形式，私自增减饰物，不敞开外衣，卷起裤脚、衣袖； 3. 制服外不得显露个人物品，衣、裤口袋整理平整，勿显鼓起； 4. 西装制服按规范扣好，衬衣领、袖整洁，扣好纽扣，衬衣袖口可长出西装外套袖口 0.5～1 厘米	
裤子	裤子要熨直，折痕清晰，长及鞋面	
手	保持指甲干净，不留长指甲及涂有色指甲油	
鞋	保持鞋底、鞋面、鞋侧清洁，鞋面要擦亮，以黑色为宜，无破损，勿钉金属掌，禁止穿露趾凉鞋上班	
袜子	男员工应穿黑色或深蓝色、不透明的短中筒袜	女员工着裙装须着肉色袜，无破洞，袜筒跟不可露在外，禁止穿着带花边、通花的袜子
工牌	工作时间须按规范统一佩戴工牌，一般佩戴在左胸显眼处，挂绳式正面向上挂在胸前；保持工作牌清洁、端正	

三、岗前培训

金融业的竞争除了金融产品、营销手段、客户资源的竞争之外，服务能力的竞争也显得十分重要。金融企业实施员工培训，针对员工的服务态度、服务礼仪、服务技巧进行有针对性的培训，是提升服务能力的有效手段。

员工培训的方式有很多，从时间上划分有岗前培训、在岗培训、全脱产培训等。如果将培训与岗前例会结合起来，将培训的内容分解成每日的一个个培训任务来完成，那么培训效果往往会更加理想。

下面，我们着重介绍岗前培训时需要注意的几个方面。

1. 培训内容的确定

岗前培训内容宜少而精，最好能结合工作实际，员工受训完毕后能立刻在工作中运用。如在岗前培训中，多体现有关服务用语、岗位服务、投诉处理等服务技巧的内容，往往能收到立竿见影的效果。

2. 培训方式的选择

岗前培训，可采用讲授、讨论、案例分析、模拟实操等多种方式。每种培训方式各有优劣，培训时应根据培训内容及培训需求结合运用。

3. 培训时间的把握

岗位培训的时间受岗前准备总时间的限制，一般时间较短，一次完整的培训由培训导入、培训实施、培训总结、培训评估等环节构成，要在 10 分钟以内完整地完成培训，突出重点。

4. 培训的计划性

岗前培训必须按计划培训，它应该是员工整体培训中一个相当重要的部分。坚持岗前培训的计划性，能避免那种"头痛医头，脚痛医脚"的培训方式，为培训者的工作开展提供了依据，也为对培训者及受训者的考评提供了标准。

在岗前准备工作中，加入岗前培训，对于提升金融机构的培训能力，提升金融业从业者的专业技能都有积极的作用。

四、例会实施

岗前例会除了具有激励员工士气、检查员工仪容仪表、实施岗前培训等作用外，还担负着传达上级部门工作要求、安排当日具体工作等多项任务。实际实施中需特别注意指令下达、互相问候、明确要求这三项要素。

1. 指令下达

指令下达，指管理者传达上级交代的任务，布置今天的工作安排，提醒需特别注意的事项等。指令下达，力求在内容充实的同时，注意突出重点。在进行工作总结时，应使用具体的数据，如业务总量、平均业务量、最高业务完成情况等，这样更有说服力，更容易在短时间内给员工以激励。当然，指令内容还必须具有可执行性。

2. 互相问候

例会上，员工之间友好地相互问候，传递的是一种同事之间互相帮助的热情，这对于激励员工工作热情，调整工作心态是很有帮助的。

3. 明确要求

例会参与人对于听到的指令、接受的任务，应进行清楚的复述，以示对会议的尊重及对任务指令的全面了解及接受。这种一问一答的形式，能给人带来积极向上的工作气氛。

在例会实施时，应注意控制员工的情绪，以积极鼓励、分享经验为主，尽量避免消极、打压员工士气的场面出现。

五、岗前准备

在岗前准备中，有大量的时间和精力集中用于营业厅环境整理及工作人员场地整理。只有使营业场地、营业厅环境的卫生状况、设备设施的使用情况都保持在一个最佳的状态，工作起来才能得心应手，收到事半功倍的效果。

1. 营业厅岗前的卫生准备

进行营业厅的岗前卫生准备，需注意以下几点：

（1）营业厅门前环境应保持整洁、有序，严禁乱张贴、乱悬挂、乱堆放。营业建筑、各类标志、附属设施应经常擦拭、清扫。

（2）设置了无障碍通道的营业厅，应检查引导标志的设置位置及完好程度，并保持标志整洁、通道通畅。

（3）检查门口醒目位置设置的地面防滑标志的完好程度，雨雪天气应在门口放置防滑垫。

（4）营业厅应保持卫生整洁。下列几点必须做到：

①地面、楼梯：要求无纸屑、无明显污渍及脚印，无杂物，踢脚线无污渍、无灰尘。

②墙面：要求无污渍、无灰尘、无破损、无与营业无关的宣传张贴。

③门窗：要求无破损、无变形、无划痕、无灰尘。

④服务台：要求整齐、完好，无破损、无脱落、无灰尘、无污渍。

⑤桌椅：要求稳固、完好，无变形、无破损、无脱落、无灰尘、无污渍。

⑥灯具：要求完好、有效，无灰尘、无污渍。

⑦花木：要求无枯枝败叶、无灰尘、无异味、无昆虫。

⑧天花板：要求无破损、无脱落、无灰尘、无水迹、无蜘蛛网。

⑨排队机、回单柜等各种设施：要求无破损、无污渍、无灰尘。

⑩营业网点：要求保持光线充足、空气清新。

营业厅的卫生准备充分，既能创造一个舒适干净的工作环境，也是顾客至上的服务理念的体现，更是服务礼仪的基本要求。良好的营业厅环境能给客户带来愉快的业务办理体验。

2. 营业厅内部环境的岗前准备

营业厅内部环境的岗前准备，既包含门口迎宾区、取号区，也包含填单区、等候区、柜台服务区等区域的卫生保洁以及设备设施的检查与整理。

做好营业厅内部环境的岗前准备工作，将有利于金融服务的顺利实施。营业厅内部环境的岗前准备具体要求如下：

（1）检查营业厅临街的落地窗和玻璃门加贴的防撞警示标志是否完好，加贴推拉门上"拉"或"推"的提示标志。

（2）检查营业厅服务区域分布指示标志的摆放位置及标志的清洁、完好程度。指示标志应注明各功能区名称和分布位置，在功能服务区域内应设置其名称标志。

（3）检查营业厅排队机的摆放位置及使用情况，应将排队机放置在入口处醒目位置，并保持排队管理系统正常运转。

（4）检查营业厅大堂经理工作台上的物品配备是否齐全。工作台上应配备工作日志及书写工具、计算器等客户业务咨询和业务办理所需的备用资料。

（5）营业厅填单台应摆放各类单据，配置书写工具、计算器、老花镜，并保证各类工具完好可用；填单台醒目位置应公示常用的单据填写范例，且书写整齐规范；填单台旁应配置垃圾箱或废纸篓。

（6）检查营业厅配置的座椅是否保持着整洁、舒适、美观。

（7）检查客户意见簿或意见箱的配备。意见簿要有编号、有处理情况反馈，并保持整洁、无残缺；意见箱要保持整洁、无污垢、无破损，并在箱外注明开启时间。

（8）营业厅应设置利率汇率牌（屏），显示内容应准确、完整。

（9）营业厅按相关法律、法规规定配备防火、防盗、防爆等设施，各项设施应保证能正常运转，如有异常要及时维护。

（10）营业厅内墙面、立柱或其他适当位置安装的壁挂电视或影像播放系统，应保持外观干净、使用正常。

（11）营业厅张贴、悬挂的各类宣传资料和设施，应保持端正醒目、整齐洁净、有序协调，内容真实有效，不得有残缺和损坏，不得破坏整体形象，不得遮盖各类服务标志和收费标准等信息。

（12）营业厅设置的展示柜（窗）应醒目，体现与营业网点整体布局的协调一致。

（13）营业厅的海报、通知和公告张贴应整齐美观，不得在同一位置叠加张贴，不得随意在营业厅内外墙面、玻璃门窗、立柱上直接张贴。

（14）营业厅的宣传折页应摆放在宣传资料架内，分类放置、摆放整齐。

（15）营业厅各服务窗口应摆放桌牌工号标志，并保持其清晰可见，如有破损应及时更换。

（16）营业厅柜员工作台不得摆放与业务无关的私人物品。点钞机显示器应朝向客户；柜台应配置密码键盘、书写工具、老花镜等。工作台、柜台内的各类设备和物品应合理有序摆放，方便操作，保证正常运转、性能完好并按期维护。

（17）营业厅应配备供客户使用的点（验）钞机，并保持设备完好可用。

（18）营业厅的金融许可证、营业执照、消防安全合格证等证照应悬挂或张贴于柜台内部醒目位置，并保持整洁、美观、协调。

（19）营业厅应公示各项业务收费标准，保持内容完整、准确。

（20）保证营业厅各营业窗口设置的"一米线"或功能相当的设施完好无缺。

（21）营业厅内摆放的花卉树木应以绿色植物为主，并保持植物葱郁、茂盛、不留灰尘，及时清理枯萎枝叶。

（22）营业厅还应检查以下设施的完好程度，为客户提供方便。

①保证水质不过期、无异味；水杯数量充足、摆放明显、卫生干净。

②保证报时装置运行正常。

③保证报架完好无缺，摆放最近三天的报纸。

④保证雨伞架、雨具干净整洁。

⑤供客户使用的上网电脑、复印机、碎纸机、针线盒、小药箱、放大镜、交通地图等配备齐全。

3. 营业厅自助服务区的岗前准备

营业厅自助服务区的岗前准备工作的重点，在于设备设施完好程度的检查及卫生保洁两方面。其具体要求如下：

（1）营业厅配置的 ATM 机、存取款一体机、存折补登机、查询缴费终端等自助设备正常运转，性能完好。

（2）自助设备操作使用说明或示意图内容准确、字迹清晰、无残损。

（3）自助设备安全提示的提示语使用规范，并根据当地金融安全形势变化适时更换。

（4）自助服务区张贴、摆放的业务宣传资料或设施符合相关要求。张贴的各类标志保持完好，无过时、破损、脱落、褪色。

（5）自助服务区设置的"一米线"或功能相当的设施执行到位，能较好地保护客户隐私和财产安全。

（6）自助服务区放置的垃圾箱或废纸篓完好无损。

总之，金融服务的岗前准备工作看起来千头万绪，但归纳起来不外乎人员的准备及物资的准备两大方面。金融业从业者若能凡事以客户需求为出发点，站在客户的角度来考虑问题，安排工作，抓住岗前准备工作的关键操作点，则纲举目张，事半功倍，也只有这样，才能真正将金融服务礼仪落到实处。

> **知识链接 5-1**

中国工商银行营业网点基本服务标准

1. 要尊重客户

不怠慢、顶撞、刁难顾客，做到使用文明用语，来有迎声、问有答声、走有送声。

2. 要方便客户

不拒兑残币、拒收辅币。做到为客户提供必需的用具（笔、墨、老花镜、验钞机等），设置咨询柜台。

3. 要恪守信用

不无理拒付、压单、压票。做到维护客户正当权益，为客户保守存款和经营秘密。做到结算及时，计付利息准确。

4. 要优质高效

不违章操作。做到办理业务先外后内，快捷准确，缩短客户等候时间。

5. 要按时营业

不延时开门，不提前关门，不在营业时间拒办业务。做到满时点服务。

6. 要仪表庄重

男员工不蓄胡须、留长发；女员工不化浓妆、戴夸张首饰。做到着装得体，举止端庄，持工号牌上岗。

7. 要环境整洁

不准放私人物品。做到各种告示宣传牌设置规范，内容准确，更换及时，做到各类物品摆放整齐有序。

8. 要养护机具

做到维修及时，提高机具设备的完好率和运行率。

?**思考与训练 5-1**

　　作为银行的一名工作人员，在正式走上工作岗位之前，应掌握相应的服务技能和服务礼仪，在心理上和行动上做好上岗前的准备。工作人员到岗开始营业前应做好银行临柜服务的各项准备工作。

　　(1) 按规定做好上岗前的准备工作，包括打扫卫生，整理并添置宣传资料及各类凭条，更换摆好当日临柜人员工号牌等，有序摆好桌面营业用品，更换调好业务章、日戳等。

　　(2) 调整好心态，从面部表情、迎候语言、动作举止等方面加以体现，对待客户应精神抖擞，面带微笑，让客户有贴心的感觉。

　　(3) 4人为一组，在柜台练习，互相观摩，互相分析和讨论。

第二节　柜台服务

　　船锚是不怕埋没自己的。当人们看不见它的时候，正是它在为人类服务的时候。

——普列汉诺夫

　　金融服务涉及的岗位很多，但对单一的金融机构而言，可以按接触客户多少为标准将岗位分为前台岗位及后台岗位两大类。

　　前台岗位，也称为临柜岗位，此类岗位接触客户最多，每天所有的营业时间几乎都在与客户打交道。除了柜台员工外，柜台外的客户经理、理财顾问、保安、保洁等岗位，也因岗位的特殊性而随时与客户发生接触。从与客户接触的频率的角度来说，前台岗位似乎更应注重服务礼仪的学习与实施。下面以柜台服务为例加以说明。

　　【案例 5-2】

　　某一天，一客户到银行柜台存款，柜台工作人员微笑着起身相迎，双手接过钱款和单据，由于存款的金额相对较大，柜台工作人员就非常热情地花了许多时间向这位客户介绍银行的各种理财和代理产品，游说客户购买。然而，该客户不但没有领情，没有购买任何一款产品，反而对其留下了很坏的服务印象。

　　案例分析：由于柜台工作人员完成销售任务心切，因此全然不顾客户此时的感受和存款目的，花了许多时间游说客户购买银行的理财和代理产品，因而引起了客户的反感。服务礼仪和服务语言在服务过程中具有重要的作用，而柜台工作人员在服务过程中的表现则是评价服务质量的关键要素。

一、银行柜台服务的基本职责

　　金融柜台服务，是指金融行业从业者在营业柜台区域借助有形的设备设施，为客户提供满足其金融需求的各项活动。柜台服务质量的优劣，直接关系到从业者及企业的职业形象，影响着客户与企业之间的关系，决定着客户的满意度及忠诚度。提供准确、高效、令人满意的客户服务是每一个金融业从业者的职责。

　　柜台服务的基本职责主要表现为以下几方面：

1. 合规办理业务

办理业务时严格执行各项操作规程，并且做到准确、快速、优质、高效，坚持点清、交清、笔笔清的原则；记账、记录文字和数字要齐全规范；盖章要清晰，打印存单（折）要放正、到位、清晰，确保账折、账款、账据、账实、账表完全相符。

2. 现金、凭证、单据、章戳、个人名章的管理

柜台服务使用的现金、凭证、单据、章戳、个人名章等物品须妥善管理，临柜人员离开柜台时，须将上述物品妥善放置。

3. 台面物品的放置、定位及清理

柜台台面物品摆放要整齐、有序、定位准确，并注意保持清洁，不摆放杂物及私人物品。

4. 中、高端客户信息的收集及挖掘

临柜人员在受理业务时，要有营销意识，要随时注意中、高端客户信息的收集；当收集到中、高端客户的信息时，应迅速通知客户经理提供有针对性的服务。

5. 受理及处理客户投诉

临柜人员要注重客户的投诉。对每一次客户投诉都应该妥善处理，不推托，不回避，应主动遵照"首问责任制"，积极为客户处理投诉，以求得客户的理解。

6. 审查、指导客户进行业务单证填写

临柜人员受理业务时，要认真审查业务单证的真实性、合法性、完整性，杜绝无效单证、有缺陷凭证进入核算流程；临柜人员要认真审查凭证的账号、户名是否一致，杜绝记账串户；临柜人员遇到客户不熟悉业务单证填写时，须热情、耐心地运用敬语予以解释。

二、银行柜台服务流程

按客户在营业厅办理业务的流程以及柜台服务的程序，其服务流程均可分为三个阶段、五个步骤。

1. 三个阶段

（1）迎接客户阶段。

（2）服务客户阶段。

（3）送别客户阶段。

2. 五个步骤

（1）客户进入视线，站立迎接。

（2）客户进入"一米线"或走近柜台时礼貌问候。

（3）客户提出服务需求，仔细倾听。

（4）按照客户业务需求迅速准确办理。

（5）双手递交经办结果，礼貌送别。

三、银行柜台服务礼仪规范

毫无疑问，在上述服务流程的三个阶段、五个步骤中坚持执行服务礼仪规范，是提供优质金融服务的保证，也是提升客户满意度、忠诚度最直接的方法。

银行柜台服务的礼仪规范，由银行工作人员在柜台服务中的服务纪律规范、服务态度规范、服务仪表规范、服务语言规范、服务质量规范、服务效率规范、柜台服务礼仪规范等组成。

1. 服务纪律规范

遵守服务纪律，是一切金融服务的前提。没有服务纪律，就没有服务礼仪，更谈不上优质服务。柜台服务的纪律规范体现为：

（1）认真遵守国家法律法规和储蓄政策、原则，贯彻落实核算管理的各项规章制度，全面执行规章制度及有关服务工作的各项规则、规范，诚实守信地开展业务活动。

（2）有强烈的法制观念，不泄露国家机密以及企业的业务机密和客户的账户、账号等个人信息。

（3）不迟到、不早退。按规定时间到岗，做好岗前准备，不随意更改营业时间，不擅自停业或缩短对外营业时间。

（4）营业时间不擅自离岗、串岗、聊天、大声喧哗、上网娱乐、办私事，或从事与工作无关的其他事务。

（5）不吸烟、吃零食、打瞌睡；严禁酒后上岗。

（6）不在营业区域内吃饭和娱乐。

（7）不占用办公电话聊天；临柜员工不当客户面拨打、接听手机、发短信。

（8）不乱收手续费，不收取回扣、好处费。

（9）不采取任何方式和借口，怠慢、顶撞、刁难客户及推托、拒办业务，不与客户争吵，不议论客户。

（10）不接受客户酬谢的酬金、礼品、有价证券。不参加可能对公正执行业务有影响的宴请，更不利用公款大吃大喝。

（11）不利用工作之便，向客户索、拿、卡、要。

（12）实行首问责任制。第一个接受客户咨询的员工应该热情接待客户，对客户的咨询或意见要认真、细致地作出回答。对不能回答和解决的问题，要热情引导客户到相关窗口，或转请大堂经理或营业厅负责人接待，不互相推诿。

2. 服务态度规范

柜台服务的态度规范如下：

（1）接待客户要主动热情、耐心周到，对客户来有迎声、问有答声、去有送声，实行微笑服务。

（2）为客户解答疑难问题时要耐心细致，业务繁忙时主动介绍到咨询台。发生矛盾时，不与客户争吵，耐心相劝。受到委屈时，顾全大局，得理让人。

（3）主动帮助有特殊需要的客户，特别关照大额存、取款客户和老、弱、病、残、孕客户。

（4）接待客户做到"五个一样"：存、取款一样热情；金额大小一样欢迎；主币、辅币一样受理；忙时、闲时一样认真；生人、熟人一样热情。

（5）听取客户批评、建议时，应态度诚恳、积极改正，并向客户道歉或致谢。

（6）遇到停电、机器故障时，要向客户解释清楚，并放置告示牌，取得客户理解。

3. 服务仪表规范

柜台服务的仪表规范表现为：

（1）上岗员工统一穿着制服。

（2）仪表端庄、自然，女员工不浓妆艳抹，可化淡妆；男员工不留胡须及怪异发型。

（3）坐姿端正，举止文明，精神饱满，思想集中，不带情绪上岗或酒后上岗。

（4）上班时间应佩戴统一制发的工号牌于服装左胸前，便于客户监督。

4. 服务语言规范

柜台服务中，任何一句不得体的服务用语，都可能造成客户的投诉，都可能给企业的形象造成巨大的打击。服务语言的规范问题，已经越来越受到金融业从业者的重视。柜台服务的语言规范体现为：

（1）服务语言总体要求是用语规范、以诚待人，语调平和、语言亲切、使用普通话接待客户，对不同的客户要称谓恰当、说话得体、意思明确。

（2）要习惯使用文明服务"十字"用语：请、您好、对不起、谢谢、再见。

（3）在日常工作中要注意使用文明规范用语，不得使用服务禁语。

（4）服务时应注意以下用语禁忌：

①忌谈话时间过长，喋喋不休，引起其他客户不满。

②忌泄露客户信息，遇客户账户资金不足或存取大额资金时，不可大声叫喊。

③忌泄露银行内部处理和审批程序，应保守银行商业秘密。

④忌背后议论客户，特别是不可议论客户的短处、长相、穿着和口音等，不可讥笑客户的不慎之处。

⑤忌和客户开过分的玩笑，应注意分寸，保持庄重。不谈论他人是非，不谈论粗俗和低级趣味的话题，不要涉及对方不愿谈及的内容和隐私。

5. 服务质量规范

遵守服务礼仪规范，是为了向客户提供优质的金融服务，而衡量优质服务的标准除了服务礼仪之外，服务质量也是一个非常重要的指标。在金融服务中，柜台服务质量规范如下：

（1）严格执行各项操作规程，办理业务要准确、快速、优质、高效。

（2）存单（折）现金不扔、不摔，礼貌地交到客户手中，嘱咐客户收好，注意安全。

（3）严格操作程序，减少差错。做到双人临柜、双人复核；做到钱账分管、章证分管、账要复核、钱要复点；做到操作定型、传递定线、机具定位、钞票定格、人员定责。

（4）办理业务时坚持先外后内，尽量减少客户等待时间，并做到"五个主动"：客户印章用后主动擦净；客户有急事，应主动向其他客户征求意见后提前办理；客户遗留的物品主动归还；付款时主动给客户合理搭配票面；客户的存单（折）破损要主动帮粘贴或更换。

（5）查错账坚持先内后外，内部查清后，再向客户答复。

（6）增强人民币和外币的防假反假能力，严堵假钞流入和流出渠道。

（7）柜员受理业务时，要认真审查凭证的真实性、合法性、完整性，杜绝无效凭证、有缺陷凭证进入核算流程。

（8）临柜人员要认真审查凭证的账号、户名是否一致，杜绝记账串户。

（9）凡对外签发的票据、单证必须保证质量，防止因错漏不清而影响资金及时进账。

（10）严格遵守对外营业时间，凡在营业时间内受理的凭证必须及时处理，不以任何理由延压。

6. 服务效率规范

提供准确、规范、满意、高效的柜台服务，是临柜人员的岗位基本职责。很多金融机构在营业厅的柜台服务中推出了限时服务（即规定某项业务办理的时限），就是对服务效率的要求。服务效率的规范体现为：

（1）先外后内，高效、安全地办理业务，提高劳动效率，提倡限时服务，尽力缩短顾客等候时间。

（2）保持机具正常运转，出现小故障及时排除，发生大的故障要采取应急措施，并向顾客解释清楚。

（3）服务效率的具体要求体现在柜台服务的全过程中，体现了从业者素质的高低，它也是柜台服务流程优化的结果。

知识链接 5-2

某银行营业厅柜台服务效率具体要求

（1）正常业务存取款票面在 100 张以内时，办理每笔存取款业务不超过 3 分钟。

（2）凡存、取款每笔现金超过百张以上，每把点钞时间为 50 秒（两遍），以此类推。

（3）办理一笔银行卡业务不超过 4 分钟。

（4）挂失一笔业务不超过 5 分钟。

（5）办理一笔异地存款业务不超过 4 分钟，取款业务不超过 5 分钟。

（6）查询一笔业务（不包括挂失查询账户）一般不得超过 3 分钟。

（7）受理一般结算业务每笔不得超过 5 分钟。

（8）办理自开汇票业务每笔不得超过 10 分钟。

（9）办理提取现金业务每笔不得超过 8 分钟。

7. 柜台服务礼仪规范

具体到营业柜台服务的礼仪操作，具体要求如下：

（1）银行柜台服务的礼仪规范。银行柜台服务的礼仪规范有以下几点须知：

①迎接客户。迎接客户时，必须谨记：柜台服务人员应在距离客户 3 米以内时目视客户，面带微笑；客户走近时应迅速起立或行注目礼迎接客户；向客户说"请坐"，配合指引手势及真诚的微笑（如是熟客或重点客户，应尊称客户姓名）；向客户问候、指引时应注意目光的配合，落落大方地注视客户，向客户表达积极主动热情的服务态度；注意观察客户的情绪，为后续服务奠定良好的基础。

与此同时，还须关注以下两点：

第一，起立时动作要优雅，当客户走进时，柜台服务人员起立动作不能太突兀。这要求柜台服务人员要随时保持积极的对客服务状态，并及时调整坐姿。如服务人员因手头有未完成的业务或不便站起迎客时，应停下手中的业务，向客户点头示意，行注目礼。

第二，指引客户入座时，应注意手势的规范。四指并拢，掌心向上，不以手指指向客户或座椅，目光随着手势方向移动。

②确认客户业务信息。确认客户业务信息时必须谨记：待客户坐稳后及时询问"请问有什么可以帮到您"；客户办理业务过程中，服务人员如果需要称呼客户时，应使用"某先生/小姐（或女士）"这种个性化的称呼，给客户以亲切感；与客户交流时应注意眼

神的正确运用，面部表情亲切、自然；与客户交谈时，语速适中，语调亲切；为客户办理业务时，身体要前倾，以体现积极主动的服务态度；注意客户重要信息资料的保密；注意核实客户办理业务的种类，确认了解清楚客户办理业务的具体情况。

与此同时，还必须关注以下三点：

第一，凡知道客户的姓名，一定要在客户服务中坚持尊称姓名，因为每个客户都希望得到尊重。

第二，服务前应调整好柜台扩音器，并注意检查声音从扩音器中传出时是否清晰、是否悦耳。

第三，在整个服务过程中，应保持身体前倾，配合目光注视、微笑服务以及专业的语言，给客户带来良好的服务体验。

③业务办理。业务办理时，必须谨记：当客户递交过来存折、现金、证件等物品时，服务人员须双手接过，并微笑致谢；与客户交谈，语意要准确、简洁、清楚、条理分明，语音、语速适中，吐字清晰，语态要亲切温和，语气要谦逊委婉；为顾客办理业务时应严格遵守服务流程；服务过程中应注意快速、准确、高效地办理业务；在客户办理业务过程中，服务人员如果需要暂时离开座位时，应主动告知客户，并说"对不起，我需要离开一会儿，请您稍等"，回来后，服务人员须向客户致歉，并说"对不起，让您久等了"；注意相关业务的说明，尽量避免使用专业术语令客户不易理解；坚持"唱收唱付"，让客户明白业务办理的具体情况。

与此同时，还必须关注以下两点：

第一，每一位来营业厅办理业务的客户都希望得到高效的服务，因此，迅速、准确地为客户服务是服务的关键。服务人员应加强业务技能的培训，能熟练优质地对客服务。在不违反服务流程的基础上，能简化的则简化，能合并的则合并，能同时办理的则同时办理，尽可能缩短办理业务的时间。

第二，服务过程中应注意客户信息的保密。服务时的语音、手势、呈递单据都要注意尊重客户的隐私。

④递送物品。递送物品时，必须谨记：业务办理完毕，双手向客户呈递票据，票据正面朝上，顺向呈递给客户；需要客户签名时，服务人员应双手递出凭条，并请客户核对后在指定位置签名确认；服务人员递交文件资料时，应双手呈递，文件正面朝上顺向递给客户，右手指示签字区域并递笔给客户（笔柄朝向对方，递于客户右手处），待客户签字完毕，双手接回文件和笔；提醒客户核对并收好相关物品，可以说"这是您的票据，请收好"；如果客户办理的是金额比较大的取款业务，服务人员须主动为客户提供装钱用的信封。

与此同时，还必须关注以下两点：

第一，办理业务过程中应注意服务目光、服务手势、服务语言的配合使用，让客户感受到被尊重。

第二，遇到需特别给客户提示的部分，应适当提醒，以体现对客户的关心。

⑤业务促销。进行业务促销时，必须谨记：柜台服务人员可根据客户的特点及业务状况进行一些柜台促销；柜台促销时应注意柜台外等候区客户的情况。如等候客户较多，则应缩短促销时间或请客户经理协助完成；向客户促销时，应注意业务宣传单的展示动作及

业务讲解时的语气；如客户有意愿办理促销业务，应马上请客户经理过来协助办理；应及时向客户表示感谢。

与此同时，还必须关注以下三点：

第一，只有优质的柜台服务才有可能创造柜台营销的机会。因此，服务人员应将优质服务放在首位。

第二，在柜台对客户促销时，一定要注意促销的时间以及柜台外客户的等候情况，切不可因为促销业务时间过长而降低服务效率，造成客户的投诉。

第三，向客户进行促销后，应给客户留出选择及决定的时间，注意语气上不要催促客人，不要给客人"强买强卖"的感觉。

⑥感谢与送别。感谢与送别时，必须谨记：业务办理完毕，柜台服务人员应面带微笑，主动起身送别客户；应尊称客户姓名并说"请慢走"、"感谢您的配合"等；客户离开柜台时，柜台人员可为客户递上服务卡（名）片，递送卡（名）片时，身体微微前倾，点头示意，双手呈上名片，名片字迹面向客户，如果名（卡）片中有不常用的字，应将自己的名字读一遍，以方便对方称呼；接受名片时，以食指与拇指轻轻夹住，双手接受）；送别客户时应注意目光的运用，不能客户刚一转身则立马办理其他业务，应坚持目送客户离开柜台区域；及时调整心态，并保持良好状态迎接下一位客户。

与此同时，还必须关注以下两点：

第一，业务办理完毕时，客户的名字肯定是知道的。这个时候，服务人员一定要做到尊称客户姓名。

第二，向客户呈递服务卡（名）片，并配合"这是我的服务卡片，有什么我可以做的，请随时联系我"、"期待再次为您服务"等服务语言，将有利于营销工作的开展。

⑦柜台整理。柜台整理时，必须谨记：客户离开柜台后，柜台外的客户经理、保洁员应及时做好柜台、等候区的整理工作；柜台服务人员应迅速地整理好业务单据，并保持业务办理区域的整洁。

与此同时，还必须关注以下三点：

第一，及时整理，创造舒适的服务环境，是对客户尊重的体现。

第二，进行整理时应注意客户遗留的单据及资料，防止客户信息的外泄。

第三，如遇到客户遗留物品，应按规定妥善处理。

（2）证券柜台服务的礼仪规范。证券柜台服务的礼仪规范有以下几点。

①主动热情迎接客户。具体要求如下：当客户走近柜台时，应对客户主动招呼、微笑迎接、目视客户并向客户问好；当客户在柜台前徘徊犹豫时，要主动热情询问客户要办理什么业务，得到确切答复后再做具体引导；当忙于手中的内部工作未及时发现客户时，首先要向客户道歉，然后本着"先外后内"的原则，尽快停下手中的工作为客户办理业务；当经常惠顾的客户来到柜台前时，要主动以姓氏称呼客户并向客户问好；当多位客户几乎同时到达柜台前时，要对先到和后到的客户都打招呼，并先向后到的客户做解释，再询问先到客户办理什么业务，然后按先后顺序办理业务；当柜台前有客户正在办理业务，同时又有新的客户进入视线时，应用目光或点头的方式示意客户，并主动用"您好，请稍等一下"等语言安抚客户；对下班前来办理业务的客户，不能拒绝、不能急躁，要认真受理。

②仔细聆听把握意图。具体要求如下：办理业务时要准确了解客户的用意，并得到客户确认，当客户表达不清楚时，应委婉地请求客户重复自己的意图；客户犹豫不定时，应主动介绍业务品种，宣传办理程序；确定已准确了解客户的意图后，应迅速进行业务处理。

③耐心细致解答咨询。具体要求如下：解答客户询问，态度要耐心诚恳，语言通俗易懂，表达清晰准确；遇到自己不熟悉的问题时，不能推诿、搪塞，要主动向同事请教或立即咨询相关部门，然后答复客户。

④业务办完礼貌道别。具体要求如下：办完业务后将股东卡、身份证递交客户时，动作要轻，不扔不摔，并提醒客户核对、收好；客户临走时应礼貌道别，欢迎再来。

⑤对客户的失误应委婉提醒。具体要求如下：发现客户走错柜台时，应礼貌地为客户指明办理的柜台；客户要求办理营业部暂未开办的业务时，应先向客户致歉并介绍客户到开办此项业务的公司网点办理；看到有客户插队时，应委婉地规劝客户按先后顺序排队；看到前面的客户已办理完业务离开而下一位客户仍站在等候处时，应热情地引导客户上前办理。

（3）处理柜台突发事件。临柜服务中经常会碰到一些突发事件，在处理这些突发情况时，应讲究服务技巧，灵活应对，维护企业的信誉、形象，满腔热情地为客户服务。

①要对客户的问题表示理解，并说"对不起"。

②要尊重客户，即使客户错了，也不要批评、指责客户，更不要与客户争执，要把着眼点放在如何化解矛盾、处理问题上，"有理也须让三分"。

③在处理服务中产生的问题时，要措辞适当、语气平和，不要心急，即使客户发火吵闹，也要冷静，不要感情用事，要有能受委屈的胸怀。

④要注意倾听客户的意见，让他把话说完，让客户感到工作人员是诚恳的。

⑤碰到问题时，如员工业务忙或处理不好，应让基层网点负责人先处理，不要一有问题就上报行领导，要做一个缓冲，以免造成被动。

⑥如客户向新闻媒体反映问题，应及时与新闻媒体沟通，主动做好工作，防止曝光给企业的信誉造成损害。

总而言之，柜台服务人员以为客户提供准确、高效、满意的柜台服务为自己的岗位职责，在服务过程中，为客户创造干净舒适的服务环境、坚持服务礼仪规范、处处体现客户至上的服务理念、注重以客为尊的服务技巧，这样不仅能得到客户的满意，更能带来企业业绩的倍增。也只有这样，才不会使"让顾客高兴而来，满意而归"停留在口头上，而是通过坚持践行服务礼仪，让美好目标变为现实。柜台服务考核内容见表5-2。

思考与训练 5-2

某日上午，一位老妇人来到银行办理取款业务，由于时间久远，她忘记了存折密码，银行工作人员应该用怎样的语言热情地接待并帮她办理呢？能否让她顺利取到款、满意地回家呢？在礼仪实训室进行情景模拟练习。

要求：（1）注意迎客及送客礼仪的表现。

（2）客户愉悦程度的判断，关怀性语言的使用。

（3）注意柜台人员的仪表、仪容、精神状态等。

表 5-2　　　　　　　　柜台服务考核内容

序号	考核内容	达标率	备注
1	待岗状态（仪容、服装、微笑、眼神）		
2	是否致标准迎候语（起立、微笑、眼神、语气）		
3	业务征询（语言、语气、微笑）		
4	解释业务中微笑、眼神注视		
5	语调轻柔和缓、音量适中		
6	是否尊称客户姓名		
7	指引客人填写单据手势正确		
8	是否进行确认客户理解		
9	是否进行唱收唱付		
10	是否双手接过客户物品同时微笑致谢		
11	是否进行一次推荐		
12	推荐中是否友好、亲切		
13	推荐中是否给用户发放业务单		
14	是否双手正向递送物品（微笑、眼神）		
15	是否询问客人还需要什么帮助		
16	是否微笑送别客户（规范用语并目光注视）		
17	对等待客户的关注		

本次考核中发现的问题：

员工意见反馈：	员工改进目标：

被考核人：　　　　　考核人：　　　　　日期：

第三节　银行客户接待

成功始于口碑，服务决定未来。

——马云

　　客户接待，是指金融业从业者在金融活动中，为满足金融客户的需求而向其提供的迎送、服务、咨询、促销等一系列服务活动。客户接待是金融服务工作的重要环节，在这种"面对面"的服务过程中，坚持客户至上的服务理念，遵守客户接待工作的服务礼仪规范，是做好客户接待工作的关键。

【案例5-3】

"您好！请问您办理什么业务？""您的业务已办好，请拿好，慢走。"一句句问候，一次次站立，自然亲切的笑容，周到得体的问答，快捷准确的业务操作，她就是招商银行青岛分行的服务明星——刘娟。

有这样一组关于她的数据：一天标准两头站立300余次，问候及送别语500余句，现金业务量近300笔。仅仅几个简单的数字，就是刘娟对工作的认真、对客户的尊重、对自己的严格要求的具体体现。

某一天，来了一位张姓的客户，他对于银行服务要求很高，甚至是有些挑剔。来之前，他先后在数家商业银行办理过业务，但均不满意，后来听朋友介绍说招商银行服务不错，就过来看看。

第一次的业务很简单，是异地汇款。小刘主动介绍银行的快速汇款业务，为张先生既节省了手续费，又缩短了到账时间，熟练的业务技能加上热情周到的服务态度，使张先生非常满意。后来得知，当天张先生刚刚在其他商业银行有过不愉快的经历，他接受了刘娟的服务顿觉如沐春风，这是他在其他银行从未感受过的。第二天，张先生就来招商银行开户了，顺便也把其他银行的存款转进来了。

案例分析：在柜台接待客户的服务时，刘娟能够用心工作，真心服务。文明规范服务，天天坚持，笔笔不变，看似简单，其实不然！银行的收入就体现在这一笔笔业务、一个个客户之中，体现在这平凡而光荣的日常服务工作之中。它体现的不仅是银行的收入，更是银行对国家和社会的贡献，银行在为客户真诚服务的过程中，自然而然地就得到了收入，自然而然地就为国家、为社会做出了贡献。

一、银行客户接待工作的主要职责

银行客户接待工作的主要职责表现为：主动迎接，恭送客户；引导分流客户，维持营业秩序；做好业务咨询，提供优质服务；处理客户意见，维护客户关系；分析客户需求，创新服务手段；营销金融产品，拓展服务渠道。

1. 主动迎接，恭送客户

客户是企业的生命线，是企业利润的源泉，是企业发展的支柱。在客户接待过程中，主动迎接，恭送客户，让客户感受到一种至高无上的礼遇，是客户接待人员的工作职责。

2. 引导分流客户，维持营业秩序

在接待过程中，应积极主动地了解客户业务需求，引导客户到相应的业务区办理业务。科学地做好客户分流工作，主动引导客户使用自助设备，根据客户的需要进行演示操作。同时，创造良好的营业环境，保证自助设备和服务设施的正常运转，保证网点良好的服务环境和营业秩序。

3. 做好业务咨询，提供优质服务

只有准确地判断客户需求，才能做好业务咨询与解释工作。而营业厅内保安、保洁、理财顾问、理财专员等的协同作业，才能为客户提供优质服务。

4. 处理客户意见，维护客户关系

在接待过程中，应及时处理客户投诉，整理客户合理意见和建议并采取相应的对策，维护客户关系。

5. 分析客户需求，创新服务手段

在接待过程中，应分析客户对产品的需求信息，结合现状提出意见和建议，不断探索新的服务措施和方法。

6. 营销金融产品，拓展服务渠道

在接待过程中，应向客户有效、适度地宣传推荐金融产品，积极做好客户服务工作，识别优质客户、挖掘潜在优质客户，为中高端客户提供优先优质的服务。

二、银行客户接待服务要领

掌握服务要领是做好金融客户接待工作的捷径。这就要求金融行业从业者在金融接待服务中注意以下几点。

1. 积极主动

积极主动，此时应体现为金融行业工作人员应在第一时间关注客户。工作中以客户为中心，服务在客户开口之前，当客户遇到问题时一定要急客户之所急，立即帮助客户处理问题。

2. 展示良好的职业形象

良好的职业形象，将给客户留下良好的第一印象，而第一印象的好坏将直接影响到后续服务效果的优劣。因此，金融业从业者应具备强烈的角色意识，从仪容、仪态、着装、谈吐、待人接物、岗位操作等方面全方位塑造并展示良好的职业形象。

3. 接待客户要因人而异

前来办理业务的客户各有特点，对服务的要求也各有侧重。在实际工作中，接待新上门的客户要注意礼貌，对老客户要热情，对性急的客户要快捷，对女性客户要突出时尚美感，对老年客户要突出方便实用，对需要帮助的客户不要推诿，对有主张的客户不要打扰。服务方式只有因人而异，才会收到较好的服务效果。

4. 注意沟通的技巧

客户接待是面对面的服务，面对面服务的关键在于与客户的服务沟通。从某种程度上讲，回答客户咨询的问题时，回答的方式也许比问题的答案更重要。特别是对心怀抱怨的客户，更应注意不要只注重直接解决问题，还应帮助客户寻找问题的答案。

5. 抓住客户消费的特点

在客户接待中，应抓住客户消费的特点。如果是男性客户，对单身男性客户要创造个性化方式，恰当的恭维往往效果较好；而对已婚男性客户，则要讲究充分尊重与理性引导；对老年男性客户则要更加注重尊重、耐心、周到。如果是女性客户，则应充分了解并分析客户的真正意图，耐心周到地回答各种咨询，恰当地称赞与认同往往能产生共鸣；出现意见冲突时，应尽量避免与其争论，不要造成客户对服务专业度的怀疑。

三、银行客户接待礼仪规范

客户接待的具体服务礼仪规范如下：

1. 主动迎接

在任何时候，都应主动迎接客户。

（1）主动迎接服务礼仪的要点。随时保持服务状态，面带微笑，以标准站姿等候客人。客户距离3米时主动迎接，行注目礼（鞠躬礼），配合手势指引。

（2）主动迎接服务礼仪的关键。客户接待工作是辛苦的，这种辛苦表现在对客户接待人员的服务状态的要求上。保持 1 小时良好的服务状态也许并不难，难就难在工作时间内随时都保持良好的服务状态。

①站姿要挺拔。严格遵照前面介绍过的标准站姿的要领，注意男性站姿和女性站姿的区别。禁止双手叉腰、双臂抱于胸前或放在背后、手插口袋、身体倚靠其他物体等姿势。

②行姿要从容。男员工行走姿态要端正稳健；女员工行走姿态要轻盈灵敏。不得左顾右盼、回头张望。禁止行走时对客户指指点点、品头论足；禁止行走时拖沓或横冲直撞；禁止勾肩搭背或嬉笑追逐。

③行礼（鞠躬）要大方。以规范站姿站立，双手自然交叉在身前。腰部弯下时，从头到腰要成一直线，视线自然下垂。停顿后慢慢挺起上身，将视线移到对方面部。

④精神要饱满。工作时间应时刻保持良好精神状态，精力集中，情绪平和。不得无精打采、东倒西歪、前仰后靠。

⑤表情要亲切。与客户交流时，要亲和友善且面带微笑；目光应注视对方"注视区"（双眼和鼻尖之间的三角区域）。不得在与客户对话时看表，禁止冷笑、讥笑，禁止对客户紧绷着脸或爱理不理，禁止长时间盯着客户上下打量。

2. 问候客户

对客户进行主动问候，是接待客户时最基本的礼貌行为。

（1）问候客户礼仪的要点。注意使用服务用语，如："您好，有什么可以帮您？"问候时面带微笑，语调上扬，注视客人，表情诚恳，语音清晰。

（2）问候客户礼仪的关键。目光注视到位，体现服务热情；问候语的正确使用；特别关注老、弱以及行动不便的客户。对于需要特别帮助和照顾的客户，客户接待人员最好能马上为其开辟一条"绿色通道"，让其尽快办理。客户接待人员可以向其他客户进行解释，绝大多数客户还是能够体谅并且积极配合的。

3. 业务分流与取号

业务分流与取号，尤其需要注意细节。

（1）业务分流与取号服务礼仪的要点。区别不同客户种类及业务，客户接待人员应根据客户需要办理业务的种类引导客户至相应柜台；提前提示客户带齐办理相关业务需要的证件；如果客户排错了队，应礼貌地告知客户相关业务柜台；恰当地建议客户使用自助服务，这样可以有效地分流客户；为客户服务排序取号，双手递送。

（2）业务分流与取号服务礼仪的关键。当客户步入营业厅时，客户接待人员往往不能立刻判断出客户该到哪个柜台去办理业务。这时，主动礼貌的询问就显得十分必要。在提供服务时，客户接待人员态度要热情而诚恳，使用礼貌用语问清楚，然后将客户引领到相应的柜台去。

客户接待人员应平衡各柜台的作业量。各个金融机构会根据业务的具体开展情况设置办理不同业务的柜台，有的柜台是办理外汇业务的，有的柜台是办理挂失业务的，有的柜台是办理代缴费业务的，有的柜台是办理保险业务的，等等。当客户特别多的时候，客户接待人员可以让那些空闲的柜台通过网络办理最需要办理的业务，这样也可以合理地调节各柜台的工作量。

指引服务时，手势要标准。向客户介绍、引导或指明方向时，手指自然并拢，手掌伸平向上微斜,以小肘关节为轴指向目标。禁止用手托腮应答客户或只简单摆手作答以及用手指指点客户。

当客户需要使用自助设备时,客户接待人员需指导客户使用,但在客户输入密码等隐私资料时,客户接待人员应注意回避。此时,客户接待人员优雅地后退一步并转身,用眼角的余光随时关注顾客,客户需要帮助时随时上前服务,充分体现服务的专业性。

4. 填单服务

客户接待人员进行填单服务时,务必仔细。

(1) 填单服务礼仪的要点。在了解清楚客户办理业务种类的前提下,客户接待人员应遵照礼仪规范将其引领至填单区。引领时,客户接待人员不可只顾自己行走,而应随时关注后面的客户,并配合优雅手势及礼貌用语,如:"您这边请。"

来到填单柜台,应明确告知客户需填写单据的种类、单据的具体位置、填写注意事项。不能只将客户引领到填单台由其自己摸索。对于填单区其他客户,视线相遇时,也应主动问候,并随时提供咨询服务、递送相关单据。客户填单有问题时,需耐心地予以解答,直到为客户解决问题为止。客户较多,不能一对一为客户服务时,应告知客户填单样本,并同时关注周围的填单客户。

(2) 填单服务礼仪的关键。当客户有疑虑的时候,客户接待人员要主动为其排忧解难。在银行或者证券交易大厅里,都会有许多单据,这些单据消耗得很快,客户接待人员应该及时进行单据的增补,或注意随时整理胡乱摆放的单据,给客户创造一个良好的环境。如果客户有任何不清楚的地方,客户接待人员应向客户进行细致的讲解。

指导客户填写单据时,往往和客户距离较近。此时,应特别留意口腔气味,上岗前注意仪容仪表的检查,严禁吃有刺激性气味的食品是每一个客户接待人员必须遵守的礼仪规范。

5. 等候区服务

在等候区服务时,客户接待人员应彬彬有礼。

(1) 等候区服务礼仪的要点。客户填单完毕,客户接待人员应检查单据填写的准确性,并礼貌地引领客户至等候区休息。引领客户至等候区休息时,应告知客户业务办理所需时间。如:"张先生,您前面还有 3 位客户,估计还有 8 分钟我们才能为您提供服务,谢谢您的支持。"提前告知客户业务办理时间,将有效地避免客户因盲目等候而引发的投诉。

根据客户接待标准,视情况提供茶水服务。客户接待人员应随时注意等候区的环境卫生及客户等候情况,提前预防各类可能出现的情况。

仔细观察等候区的客户,对于有可能进行业务促销的客户,可以主动上前说:"先生/女士,这是我们最近推出的理财产品,请您过目,如您感兴趣,很乐意为您提供进一步的咨询服务。"对于轮到业务办理的客户,主动上前提醒客户。如:"先生,您的业务请去 4 号柜台办理。"

(2) 等候区服务礼仪的关键。做好主动服务,服务在开口之前。如当客户等得不耐烦的时候,要上前表示关怀,可以送上一杯茶水。又如,当客户在填单台顾目四望时,往往是需要客户接待人员前来帮助或有相关问题需要咨询。此时,应上前一步并询问:"您好,有什么可以帮到您的?"这会令客户感到备受尊重。

①注意观察、安抚客户的情绪。当客户情绪欠佳、又在焦急等待的时候，客户接待人员就要用温馨的语言或恰当的行动去安抚客户的情绪，让他能够心平气和。

②递送茶水时要一手托住杯底，一手扶住杯身，双手递出。递水时要站在客户侧面，欠身向客户示意并说："您好，请喝水。"拿杯时，手指不要碰到杯沿。

③引领客户至等候区等候，双手呈递资料给客户，服务、仪态均应符合礼仪规范。

④若知道客户的名字，应尽可能尊称客户姓名。

6. 客户办理完业务后的服务

为客户服务，必须善始善终，客户办理完业务后的服务礼仪必不可少。

(1) 客户办理完业务后的服务礼仪的要点。主动上前询问客户业务办理情况，面带微笑，态度诚恳；问候时注意礼貌用语、目光专注、距离适度；若客户有意见、有投诉，应及时处理。

(2) 客户办理完业务后的服务礼仪的关键。服务沟通的关键是主动行动、积极反馈、全面关心。客户接待人员要有一种让客户的不满在走出营业厅大门前全部消除的信念，对客户的意见、不满应予以足够的重视，并认真对待、妥善处理。

客户接待人员服务过程中的每一个操作细节都是服务营销的机会，当业务办理完毕，客户对企业的服务就有了一个感知。不管作何评价，客户接待人员都应心中有数，并有相应的服务对策。

7. 致谢与送别

在致谢与送别环节，尤其需要接待人员礼待客户。

(1) 致谢与送别服务礼仪的要点。遇到需要进一步了解相关业务的客户，客户接待人员应规范引导客户至相应服务区域为其提供服务，并按客户接待标准提供相应的茶水及饮料服务。

接待客户时应专心致志、一心一意，不可顾左右而言他；对客户表示真诚的感谢，并在与客户告别时，礼貌地呈上名片："××先生，这是我的名片，我的办公电话是×××××，欢迎您随时来电，很高兴为您服务。"

送别客户时，条件允许应送别客户至营业厅门口，如因工作原因不能远送，也应目视客人离开营业厅。切忌在客户接待过程中虎头蛇尾。

(2) 致谢与送别服务礼仪的关键。客户接待的迎送服务，讲究"迎三送七"。它是指送别客户的礼遇应高于迎接客户的礼遇，客户接待人员要在服务过程中自始至终坚持礼貌待客，甚至后一环节要超过前一环节。

另外，客户接待是讲究团队合作的。不论是客户经理、客户接待专员、理财顾问、保洁员还是保安，只有这些岗位的精诚合作、各负其责才能构成完美的客户接待服务。

8. 协助维护安全

客户接待人员除了要关照普通客户外，还要特别注意一些可疑人员，即那些图谋不轨的人，在人力、警力不足的情况下，更需要客户接待人员发挥积极的作用。

客户接待人员平时要多观察，看见那些形迹可疑、鬼鬼祟祟观望安全监控系统或者偷看柜台内部的人员，应马上上前询问："先生，请问您有什么需要服务的吗？我看您可能不知道该去哪个柜台，是否需要我给您介绍一下？"这样简单的问话往往可以起到很好的震慑作用，在一定程度上可以避免意外的发生。

9. 环境的维护

营业大厅是一个公众场所，每天人来人往很频繁，客户接待人员应该格外重视大厅的整体形象，看到不整洁、不干净的地方，应该及时提醒保洁人员进行清扫。整洁的环境才能吸引更多的客户。因此，将放错位置的单据归位，更换标志不明的牌子也是客户接待人员的工作内容。此外，在客户遇到麻烦时（如物品遗失等），客户接待人员应以最快的速度为客户解决问题，使客户的损失降到最低。以上内容都属于柜台服务的补充，客户接待人员做好这类工作，可以为企业赢得更多忠实客户。

知识链接 5-3

业务办理"五优先、七一样、六有声"

五优先：老、弱、病、残优先；儿童孕妇优先；申请挂失优先；对外业务优先；急用款项优先。

七一样：大小客户，存多存少一样对待；存款、取款、借款、还款一样热情；生人、熟人、新老客户一样周到；时间早晚、业务闲忙一样耐心；表扬、批评一样诚恳；新钞、旧钞、主辅币一样办理；自营业务、代理业务一样认真。

六有声：客户临近柜台时有亲切的迎客声，如"您好"、"请问您办理什么业务"等。客户咨询时有应答声，客户询问时应认真听请问题，属办理范围的及时办理，属查问的应速查询后答复，属他人办理的要介绍到位。办理业务过程有关照声，遇正在办理业务时有另一客户到柜，不能起立接业务时要有关照，如"请稍等"。办好业务双手交接时要有关照声，如取款的，在向客户交接现金时应提示本金多少、利息多少、共多少，请点一下。遇客户不懂业务或客户有差错时，耐心指导，使用"您的凭条某某项填写有误，请重填一下"等语言予以纠正。遇到电脑故障或内部差错而引起客户有意见或不满意时要有歉意声，要和气解释，使用"对不起"、"请稍后"、"马上办理"等语言稳定客户情绪。遇到客户表扬时要有谢意声，应以"没关系"、"不客气"等语言致谢。客户离柜时要有送客声，如"慢走"、"欢迎再来"等。

思考与训练 5-3

杨小姐到银行存款 10 000 元，不同窗口排队长度不同，两个窗口之中，一个排着长队，一个仅有两三个客户。客户较多的通道入口立着一块客户提示牌，上面写着：存款10 万元以下客户请在此排队。客户较少的通道入口立着另一块客户提示牌，上面写着：存款 10 万元以上客户请在此排队。杨小姐知道自己的存款不到 10 万元，就自觉站到长队的末尾。当杨小姐发现"10 万元以上"窗口没有客户时，就前去存款。

杨小姐：你好，请帮我办一下。

柜员：小姐，您的存款达到 10 万元了吗？

杨小姐：没有，我看这边没人啊。

柜员：这是大客户服务专业窗口，请你到那边排队吧，马上就有大客户来了。

杨小姐：为什么要这样？

柜员：我们为了做好分层服务，优先服务好 20% 的大客户，使他们感受到受尊重啊。

杨小姐：……

要求：从柜台服务的规范化流程及服务礼仪的要求出发，以 3~5 人为一组对上述情境进行分析、讨论。

第四节　突发事件处理

为之于未有，治之于未乱。

——老子

突发事件，意为突然发生的事情。它包含两层含义：一是事件发生、发展的速度很快，出乎意料；二是事件难以应对，必须采取非常规方法来处理。金融企业对日常金融服务及活动中突发事件的处理能力，集中体现了金融业从业者的服务及管理能力。

【案例 5-4】

地震瞬间，彰显银行员工职业道德精神

2008 年 5 月 12 日，四川省汶川县遭到了 8.0 级地震灾难，距震中 100 多公里的成都市受到了强烈冲击，整个大地剧烈震动，所有的房屋大幅晃动，全城人在惊慌中跑出了住所。

在山摇地动时，有许多细节没有被人注意。2008 年 5 月 15 日上午，招商银行成都分行营业部总经理许伯建安排人员调看地震当天的监控录像。本来想检查员工的操作是否规范，却无意中看到了以下这些感人的瞬间：

镜头一：储蓄柜台

当时在储蓄现金间工作的是一群年轻的姑娘，最长的工作年限刚满 1 年，唯一一个小伙子是后台综合管理人员黄沧海。地震发生前，员工正在办理当天业务，接待顾客。突然一阵地动山摇，大家发现在大厅里的客户无论是正在办理业务的，还是正在等待的都纷纷向大楼外冲去。不知是谁边跑边大喊："地震了！"年轻的员工们一下子便呆住了，正在洗手间洗手的黄沧海连忙冲了出来，大叫着："赶紧收拾东西，全部出去。"

于是员工们清醒了过来，储蓄主管吴瑶立即指挥员工收拾桌面，无论当时已经清点的还是没有清点的现金、身份证明，全部"扫入"个人抽屉。有的员工已经慌忙跑了两步，又停了下来，转身收拾东西。一位新来的员工抬头望了望外面，又打开抽屉，将慌乱中忘记收取的公章重新锁入抽屉。另一位员工收拾完柜台，还抬手将电脑设置成锁定状态。

此时，地面摇晃得更厉害了。见大家收拾完毕，黄沧海手一挥："大家快走！"于是这些可爱的女孩们互相搀扶，纷纷冲了出去。

这时，一个客户突然说道："我的钱，我的钱还没上账。"黄沧海急忙靠近柜台的对讲机，告诉客户："我们现在已经帮您把钱妥善保管好了，等地震平息了我们立即退还给您，请您赶快出门躲避一下。"

最后黄沧海转过身来，迅速检查了一下柜台，才从自己的桌面上抓起钥匙，跟跟跄跄地跑出了柜台，临走还随手关好第二道门，并习惯地推了推……

镜头二：会计柜台

会计柜台一名正在埋头办理业务的员工突然发现客户全部冲出了银行，才反应过来发生了地震。此时会计柜台区域到处乒乒乓乓，放在柜台里的日常用品不停掉落。坐在 2 号柜台的刘瑶正在办理银行承兑业务，桌面上散布着各种凭证、重要空白凭证、公章。听见大家惊呼地震，这个"胆大"的女孩子坚持一样样地清点，一样样地收拾。许多人从她身边跑过，她仍仔细如常。待她收拾完东西抬头起身时，大厅内早已空无一人……

镜头三：营业大厅

不知是谁大叫一声"地震了"，大厅里的客户慌乱起来。保安员刘世省此时正在大厅门口值班，本可第一个冲出去，但他却转身冲进大厅，对着客户大喊："请大家出去，地震了，注意安全。"随即与大堂经理左文懿一道指挥客户疏散。左文懿看见一个客户还在自助银行的存款机周围寻找什么，他连忙上前劝说客户撤出营业厅。见其他人都撤出了营业厅，刘世省从大厅右边冲到大厅左边，落下防护卷帘门，然后回到正门，快速地将卷帘门落下……

案例分析：地震来临时，大家都在各自的岗位上，临危不惧，紧张有序，严格地履行着自己的职责。从监控镜头回放里看到这一幕幕场景，人们不能不被感动：这就是银行文化教育下的新一代员工。他们是银行员工整体素质的一个缩影，代表了银行系统在抗震救灾中表现出的临危不惧、严守职责、追求卓越的职业道德精神。

一、金融行业常见突发事件的类型

对于金融企业而言，常见的突发事件包括：

（1）由企业设备设施问题而引发的突发事件。如：系统故障、设备故障等造成不能正常营业。

（2）由客户原因而引发的突发事件。如：客户财物丢失、客户在营业厅意外伤害、客户投诉、客户在营业厅突发疾病、出现挤兑事故、营业厅客流量激增等事件。

（3）由自然灾害等原因引发的突发事件。如：水灾、火灾等自然因素造成营业厅不能正常营业而引发的突发事件。

（4）由治安事故而引发的突发事件。如：发生偷盗行为、抢劫行为、营业厅遭到围攻、营业厅出现扰乱秩序的事件等。

突发事件如果不能得到及时妥善的处理，对于金融企业的伤害是巨大的。轻则客户投诉，降低客户的满意度及忠诚度；重则媒体曝光、诉诸法律，损坏企业形象。所以，金融企业能否妥善、及时地处理突发事件是对企业服务、沟通及管理能力的检验。

二、金融行业突发事件处理的原则

处理突发事件时，最忌肆意而为。以下几项原则，必须谨记。

1. 预防与应急相结合，预防为主

它要求金融行业从业者在工作中要提高警惕、密切观察，对营业厅发生的异常情况、异常现象，不能熟视无睹，不能掉以轻心，要坚持预防为主的处理原则。同时，金融企业还要居安思危、未雨绸缪，建立、健全突发事件应对的各种应急处理机制。

2. 处理过程要迅速

突发事件往往具有突然发生、发展迅速的特点。而事件在发生初期，往往是应对的最佳时间。若错失事件处理的最佳时间，往往会给事件的处理带来更大的障碍。

当然，这要求金融业从业者在平时的工作中加强突发事件处理的培训，定期进行突发事件应急处理的演练。并且，演练结束后要有演练记录，其内容至少应包括演练时间、演练内容、参加人员和评估情况等。

3. 处理措施要得力

突发事件发生时，关键是在第一时间运用得力的措施进行妥善处理。如当营业厅发生挤兑事件时，应立即向上级服务管理和安全保卫部门报告。负责人应及时调整柜员台席，增加取款台席数量，以应对突发需求。同时，营业厅应做好现金请领工作，及时申请调配足够的现金，保证正常兑付。营业人员应了解挤兑原因，全力做好解释工作，防止事态扩大。营业厅应维护好现场秩序，防止挤伤、踩踏等危及客户人身安全的事件发生。

4. 处理结果要上报

突发事件处理结果要及时上报，上报内容应包括：

（1）发生事件的名称、地点。

（2）事件发生的时间。

（3）发生事件的种类。包括挤兑、业务系统故障、抢劫、火灾、营业网点遭到围攻、扰乱营业网点秩序、营业网点客流量激增、客户突发疾病、客户遭受意外人身伤害、客户遗失物品、媒体报道等。

（4）事件的影响和危害程度。包括财产、资金、凭证等损失情况，人员伤亡情况，影响范围等。

（5）已采取的应急措施，对事件的控制程度。

（6）事态发展趋势，可能造成的潜在损失及拟进一步采取的应对措施。

及时上报将有利于上级部门统筹安排突发事件的处理工作。

5. 事后总结要及时

突发事件结束后，应对事件的原因、经过、处理措施等进行认真的分析、总结，针对事件中暴露出的问题、漏洞及时进行整改。

三、金融行业突发事件处理的规范

突发事件产生的原因很多，表现出来的情况也十分复杂。不论事件大小、程度如何，金融企业都应迅速、妥善地处理。客户投诉的处理是一项非常具有挑战性的工作。如果客户投诉能得到及时有效的处理，一方面，可以挽回客户的信任，促使产品和服务更好地改进，提高客户的忠诚度；另一方面，则维护了金融企业的社会形象。否则，就有可能给客户造成不良印象，引起客户的不满，造成客户流失，甚至引发诉讼和媒体曝光，影响金融企业的公共关系和社会形象。

【案例5-5】

客户自述：今天上午，我去某银行长沙市马王堆支行转存到期存款20 000元，存款利息为622.73元，决定另转存600.73元，取现22元。我拿到钱仔细一看，那张20元的竟是假币。我当场就质问营业员怎么回事，营业员硬说是真的不予退换。我说如果这张是真的，我赔她10 000元。她还说是真的，说她自己天天和钱打交道，难道还分不出真币？叫我自己去某某银行鉴定。

没办法，怕她不承认，我把钱对着监控设备录了像。正要走时，不知出于何目的，营业员还是叫了个银行工作人员陪我去了某某银行。到了某某银行，员工一看就说是假币，接着做了仔细的确认，出了鉴定报告给我，没收了这张假币。

回来后，营业员才承认是假币，叫了行长出面，行长又不承认了，说："我们银行不可能发出假币，一定是你调包了！"引来一大群人把我当坏人看，我的人格受到严重污辱。无奈之下，我拨打了"110"报警。110民警赶到，让银行调出了监控录像，在清晰的录像下，行长才勉强承认了假币之事，愿意还我一张真的。

钱，我没有收下，我告诉他们：现在不是20元钱的事了，而是要你们银行给个说法才行。

案例分析：该案例中，客户当面发现假币，营业员态度不好，没经过鉴别就予以否认，自行处理把客户支给到别的银行鉴定，引发纠纷，导致自己和银行方在这次事件中很被动。客户也因银行方的做法不当使个人的尊严受到侮辱才要讨个说法。

无论是柜台还是机器取款，客户当场发现了假币，银行处理一定要慎重。（1）要听客户讲述，把事情问明白。（2）要向直接领导汇报，经办员不能自己处理。（3）马上确定钞票的真伪。（4）在确定是假币的基础上，银行管理人员应马上查看录像。（5）查看录像确实没有发现疑点，我们应当场给客户兑换。（6）银行内部事后要进行查找，落实责任人，找出薄弱环节，制定补救措施，防止此类情况的发生。同时，还要按规定进行账务处理。

柜台存款中当场发现假币，按法律规定必须开具收据并当场没收。如果客户在营业大厅大吵大闹，我们应坚持原则，耐心解释，做好工作，尽量让客户理解。

1. 银行处理客户投诉的基本方法

投诉并不可怕，关键在于我们对客户投诉的态度。要把投诉客户当成银行的朋友，把客户的每一次投诉都看成一次新的机会，即提高服务质量的机会，培养永久忠诚客户的机会，创造效益的机会。

（1）确认问题。认真、耐心地听取投诉者诉说，并边听边记录，在对方陈述过程中判断问题的起因，抓住关键因素。尽量了解投诉或抱怨发生的过程。了解完问题之后，应征求客户的意见，如他们认为如何处理才合适、有什么要求等。

（2）分析问题。在自己没有把握的情况下，现场不要急着下结论、下判断，也不要轻易作出承诺。最好与其他人员协商一下，或者向银行领导汇报一下，共同分析问题，如问题的严重性、你掌握的问题达到何种程度等。

（3）互相协商。在与其他人员或者与银行领导协商得到明确意见之后，由在场的服务人员负责与客户交涉。

（4）落实处理方案。协商有了结论后，接下来就要作适当的处置，将结论汇报给银行领导并征得领导同意后，要明确直接地通知客户，并且在以后的工作中跟踪落实结果。处理方案中有涉及银行内部其他部门的，要将相关信息传达到相关部门。

2. 客户投诉处理的基本技巧

（1）善用"同理心"（换位思考法），获得情感的共鸣。用自己的话复述客户投诉的原因，把从客户那里感受到的情绪说出来，并稍微夸大客户感受。模拟使客户产生投诉的场景，并换位思考，想象当我们去其他银行或类似单位办事时，如果被相同或类似的方法对待，我们会作出怎样的反应。这样做有利于获得情感的共鸣，便于对事件进行进一步沟通。

（2）适当情绪引导，抚平客户情绪。保持内心平静，不打岔，耐心地听完对方的全部叙述后再作出回答；专心客户投诉事项，减少其他工作和电话的干扰，并适当做些记录；不使用刺激对方情绪的言语，即使遇到口头的人身攻击也不应采取对抗姿态；神情专注，面部表情合适，与对方对视时眼神自信，语调平和而诚恳；表现出对对方情感的理解，让客户知道你的态度是真诚的，出现问题时应避免指责自己的同事或银行方。

知识链接 5-4

平复客户愤怒情绪的策略

1. 寻求合作契机

找一个双方都认可的观点或提出中立性的建议，作为谈话的切入点。例如，可以向对方提出："我有一个建议，你是否愿意听一下？"

2. 确认实际需求

确认客户的实际想法，可以使用类似"你希望我怎么做呢？"这样的语句。只有当他描述自己想法的时候，我们才能真正确定其实际想法，才可能达成双方都接受的解决方案。

3. 巧用物品解围

当接待情绪激动的客户时，可以请求客户随手递一些物品，诸如笔、纸等东西，并立即表示感谢，能够逐步与客户创造出一种互相配合的氛围，有效地引导客户进入一种互相合作的状态。

4. 柔和迂回处理

在了解客户投诉的情况后，可以使用类似"我很高兴您告诉我这些问题，我相信其他人遇到这类问题也会和您一样的。请先允许我提一个问题，您看这样处理是否合乎您的心意……"的语句，利用客户施加的压力柔和迂回处理，可以改善或扭转局面。

5. 深入探寻客户需求

应该努力去发掘客户真正的需求。因为银行工作人员是专业人士，完全可以在这方面帮助客户，这也是最能体现工作人员专业价值的地方。

6. 管理客户期望

不要只是告诉客户你不能做什么。在向客户说明你可以做什么，不能做什么之后，使用类似"你希望我怎么做呢？"的语句，直接询问客户他期望你做些什么。

（3）迅速采取行动。与其说"对不起，这是我们的过失"，不如说"我能理解给您带来的麻烦与不便，您看我们能为您做些什么呢"。对客户投诉的处理必须付诸行动，不能单纯地同情和理解，要迅速地给出解决的方案。对能答复的问题，应立即向客户解释说明；无法答复的，应立即转交上级。

（4）减小影响，积极解决。为避免产生不良影响，接待人员应尽可能请客户到不影响其他客户的场所，积极提出解决办法，做好与客户的沟通工作。必要时，向上级相关部门报告，尽量当场予以答复。

（5）将处理不了的投诉上报上级部门。客户投诉当场不能答复的，接待人员应安抚客户情绪，并和客户约定回复时限，认真填写"客户投诉处理单"（见表5-3）并请示负责人处理。投诉处理完毕后将处理情况回复客户，并将"客户投诉处理单"填写完整。

经负责人确认，客户投诉超出其处理权限的，要将"客户投诉处理单"报上级服务管理部门处理。

表 5-3　　　　　　　　　　　　　客户投诉处理单

投诉方式	□信函　　　□电话 □现场口头　□其他	受理人		受理人电话	
投诉人姓名		投诉人电话		交易渠道	
交易账号		户名		交易日期	
交易类型		交易金额		交易地点	
投诉内容					
派送跟踪	年　月　日转　　处理。(电话：　　接办人：　　) 年　月　日转　　处理。(电话：　　接办人：　　) 年　月　日转　　处理。(电话：　　接办人：　　)				
投诉调查 情况及 处理意见	投诉处理人：　　　　　日期：				
回复客户情况	回复时间：　　　　　回复人：				
客户满意情况	满意□　　　　理解□　　　　不满意□ 不满意的原因及措施：				

3. 银行客户投诉处理的要点和禁忌

（1）银行客户投诉处理的要点。要鼓励客户投诉；告诉客户如何进行投诉；方便客户投诉（如建立举报中心、公开举报电话和设置客户意见箱等）；迅速处理客户投诉；向客户及时反馈投诉处理结果。

（2）银行客户投诉处理的禁忌。缺少专业知识，不能满足客户对产品或服务的了解或使用的要求；怠慢客户，缺乏耐心，急于打发客户；欠缺诚意，急于为银行方的问题开脱；过度承诺或越权承诺超出自己职责范围的事项；过高估计与客户的亲密程度，滥用幽默而降低在客户心目中的专业形象；想当然的心态，用自己对产品和服务了解的程度默认客户的认知度；夸夸其谈，给客户更多的机会发现问题、延伸问题。

4. 遵循银行处理投诉的内部流程，根据实际情况加以分析解决

（1）记录清楚投诉内容。

（2）判定投诉是否成立及问题的严重程度。

（3）确定投诉处理责任部门。

（4）责任部门分析投诉原因并提出处理方案。

（5）提交主管领导批示。

（6）实施处理方案。

（7）总结评价。

当然，随着银行服务手段的多元化，接受投诉处理的途径也更广泛，目前各家银行的客服电话或呼叫中心已经起到对外受理客户投诉的主要渠道作用，应保持畅通和接听规范。

? 思考与训练 5-4

孙先生为买回家的机票急需现金，本打算通过自动取款机取款，但由于操作不慎，导致银行卡被吞卡。这下可把孙先生急坏了，只好拨打取款机上的客户热线求助。

孙先生：你好，打扰了，我的卡被吞了，不知怎么办？

管理员：您的卡是我们银行的吗？

孙先生：不是。

管理员：按规定，自吞卡次日起 3 日内，您可以带开户行的证明来取卡。

孙先生：我是外地人，而且现在急需钱买机票，怎么办？

管理员：现在是下班时间，您也没有手续，我们帮不了您。

孙先生：……

针对以上的背景资料，以 3~5 人为一组，分别模拟孙先生和管理员的角色，讨论以下问题：

（1）在客户较为激动时，首先应该怎么做？作为客户，这些做法是否令你满意？

（2）在不违反银行有关规定的前提下，有没有更好的处理方法？

第五节　银行服务岗位业务活动规范

一旦学会了眼睛的语言，表情的变化将是无限的。

——泰戈尔

银行服务岗位较多，各岗位有其不同的工作职责，具体包括办理银行储蓄业务、办理委托业务、办理银行卡业务、办理存单（存折）挂失业务、没收假钞业务、大堂咨询业务、个人汇款业务等。各岗位工作人员在本职岗位上各司其职，才能使银行这个大系统得以良性运转，才能使来到银行的客户得到满意的服务。

一、办理银行储蓄业务

【案例 5-6】

活动实例 1：办理储蓄付款业务

员工：（起立，欠身，微笑，目光注视对方眼睛）您好！请问您办理什么业务？

客户：我要取钱。（递上存单）

员工：好的。（看存单）噢，您这张存单还有 1 个月就要到期了，提前支取按中国人民银行规定，利息是按活期计算的，要损失好多钱呢！

客户：我家现在有急用，还是取出来吧！

员工：如果您有急用，我可以向您推荐小额质押贷款业务。您这张存单是 10 000 元，可以贷到 9 000 元钱，只要付 1 个月的贷款利息，比您现在取出来合算多了，您看怎么样？

客户：算了算了，我还是取出来好。

员工：那好，请问您身份证带了吗？

客户：哎呀，我没带。取自己的钱，还要身份证吗？

员工：真对不起，因为您是提前支取，按规定需要本人身份证。

客户：帮帮忙，我是从好远的地方跑过来的，给我取一下吧。

员工：真抱歉，提前支取一定要有身份证的。希望能得到您的理解和合作。

客户：请相信我，这真是我的存单。

员工：对不起，这样做不是不信任您，而是为了维护您的利益。您想，万一有人拿了您的存单前来冒领，支取时又不需要本人身份证，这不是给您造成损失了吗？

客户：这倒是，那就按规定办吧。

员工：真不好意思，让您白跑一趟了。再见！

（过一会儿）

员工：您好！

客户（同一人）：小姐，我要取钱。

员工：好的。请问您身份证带了吗？

客户：带了。

员工：（双手接下身份证）请稍等。（坐下，验证）请收好。（双手送还身份证，办业务）请您输一下密码。您的密码输入有误，请您重输一遍，最后按一下"确认"键。

客户：哎呀，我按错了键。

员工：没关系，请按一下"删除"键，重新再来一次。可以了。（办完业务后起立）好了，您的税后利息是 72 元 6 角，本息一共是 10 072 元 6 角，这是利息清单，请您清点核对一下。

客户：（清点）没问题，谢谢。

员工：不客气，欢迎您下次再来。

活动实例 2：办理储蓄存款业务

员工：（起立）您好！请问您办理什么业务？

客户：小姐，我要存钱。（递上钱与凭条）

员工：好的。（双手接过）请问您存多少钱？

客户：1 000 元。

员工：请稍等。（坐下，点钞后）是 1 000 元，存 1 年定期吗？

客户：是的。

员工：（起立）请出示您的身份证。（双手接过后）请稍等。（坐下办理业务）请您输入密码。（起立）已经存好了，请您核对一下。（双手递上存单、身份证）

客户：没问题，谢谢！

员工：不客气。欢迎您下次再来。

1. 一般储蓄存款服务操作流程图及服务要点分析

从图 5-1 可见，在银行业柜面服务操作的层面上，我们应该更多地关注服务操作流程的建设，它贯穿了整个银行服务过程，并与客户有完整的接触及互动过程，能最大限度地展示银行服务的形象、效率、服务语言等，同时也能反映客户对银行服务质量的感知和评价。

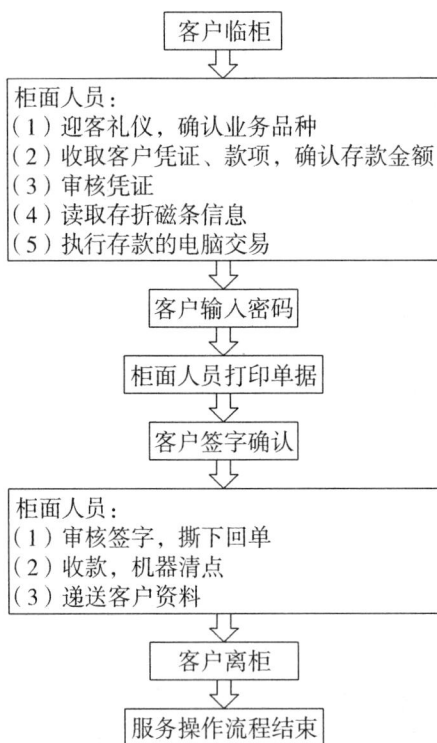

图 5-1　一般储蓄存款服务操作流程图

2. 储蓄业务开展过程中的注意事项

（1）客户如有疑问，应耐心细致地为其解释清楚。

（2）面对客户提出的一些与制度不相符的要求，我们在坚持原则的前提下，要本着"一切为了客户"的理念，向客户解释清楚为什么要这样做，并为给客户带来的不便表示适当的歉意。

（3）客户的某些要求也许很没有必要，但又不违反制度，这时就应顺着他的意愿去办，切不可不屑一顾。

（4）钱款要于客户当面点清。

（5）对大小客户应一视同仁，对所有客户都要热情周到。

二、办理委托业务

【案例 5-7】

活动实例：办理现金缴费委托业务

员工：（见客户走近，欠身起立）您好！请问办理什么业务？

客户：我想缴电费，刚搬进新房子，不知道怎样缴。

员工：好的。缴电费可以办银行存折或银行卡，这样每月自动扣款，您不必每月都要跑银行，也可以用现金缴费，不知您愿意用哪种方法？

客户：我还是用现金缴吧。

员工：好的。请问您带电费通知单了吗？

客户：带了，给你，这是钱。

员工：（双手接过）这里是 200 元。（办理业务后，将代收代付业务收据和找零交给客户）请拿好，这是收据，这是找您的钱，请您核对。

客户：没错，谢谢！

员工：不客气，再见！

办理委托业务的注意事项如下：

（1）这类业务因涉及内容较多，应向客户简明、扼要地介绍办理过程中的所有要素，要让客户清楚业务办理程序。

（2）对一些关键要素必要时可重复征询、核实，以求办理时就使客户清楚其权利和义务，减少因交代不清而造成客户误解，以致日后发生不快的可能。

（3）耐心回答客户提问，理解专业人员为客户解答是义务，也是一种荣耀。

（4）对容易疏漏的问题，应主动提醒，如"账户要保持一定的金额，以便扣款成功"等。

三、办理银行卡业务

【案例 5-8】

活动实例：办理银行卡业务

员工：（欠身起立）您好，请问办什么业务？

客户：我想办一张银行卡。

员工：好的。请问您带身份证了吗？是办可以透支的贷记卡？还是不能透支的普通卡？

客户：带了。办张普通卡吧。

员工：好的。请您先填一张办卡的申请表。（稍后，双手接过客户的申请表看一遍）办卡，需要存入一定的现金并付 10 元钱的开卡费。

客户：给，这是 310 元钱。（递上钱、存款凭条和申请表）

员工：（双手接过）这里一共是 310 元，请稍等一下。（坐下，办完业务后起立）请您在申请表和开户表上签上您的名字。（客户签好后）谢谢。还有请您在这张卡的背面也签上您的名字。

客户：是这样吗？

员工：对，这样就可以了。好了，您的手续办完了，您的初始密码是 888888，这是您的身份证和手续费收据，请拿好。为了您的资金安全，请及时修改密码并注意保密。

客户：请问怎样修改密码？

员工：您可以在我这里修改密码，也可以到自动取款机上，根据提示自己修改密码。

客户：好的。谢谢啊。

员工：不客气。再见！

客户：再见！

办理银行卡业务的注意事项如下：

（1）因这类业务涉及的内容较多，应向客户简明、扼要地说清楚办理过程中的所有要素，不要让客户无谓地往返。

（2）对一些关键的要素必要时可重复询问、证实，以求办理时就使客户清楚自己的权利和义务，减少今后发生不快的可能。

（3）对客户容易疏漏的问题，要主动提醒，如"某某卡不要和密码袋放在一起"，从而体现服务礼仪中的关照。

四、办理存单（存折）挂失业务

【案例5-9】

活动实例：办理存单（存折）挂失业务

员工：（欠身起立）您好！

客户：（急促地）我的一份定期存单不见了，这是我的账号。

员工：（双手接过纸头，目光急人所急）噢，请别着急。我这就帮您办理挂失手续。请把您的身份证给我看一下。因为您的存单不是本所开的，我先给您办理口头挂失手续，请稍等一下。请问您存单上的地址是留哪里的？

客户：就是我身份证上的地址。

员工：（办完手续后，起立双手递上挂失单和身份证）请核对。

客户：（接过）是不是我办了这个挂失后，就不会被人冒领了？

员工：对，我现在帮您办理的是临时止付手续，正式挂失手续请您5天内到开户行办理，去的时候，请不要忘了带上您的身份证。如果您有事要请人代办，请不要忘了带上代办人的身份证。

客户：好的。谢谢！

员工：不客气，再见！

客户：再见！

办理存单（存折）挂失业务的注意事项如下：

（1）办理此类业务的客户往往比较着急，即使他们有过激的言行，也应本着体谅、理解的态度善待他们。

（2）挂失对客户的利益有着直接的影响，应详细、清楚地把有关要素都交代明确。

（3）要注意加快语言和动作的节奏，使客户感到你在尽力为他分忧，切忌漠不关心、慢慢吞吞。

五、没收假钞业务

【案例5-10】

活动实例：没收假钞

员工：（欠身起立）您好！请问要办什么业务？

客户：存钱。

员工：好的，请问要存多少？

客户：3 000元。

员工：好的。（双手接过）请稍等，（点钞，发现有问题，在点钞机上重点，点钞机发出叫声）小姐，真是对不起，您这里有一张是假币。（出示假币，并当着客户的面对假钞盖专用章）

客户：（嗓门提高）不可能，绝对不可能，这是我单位刚刚发的年终奖，怎么会有假钞呢？

员工：真对不起，您看一下，这张纸比较薄，而且没有凹凸感，水印也比较模糊，如果您真的不信，我可以用仪器再帮您测试一下。

客户：真不可思议。

员工：（仪器声响）请听一下，这张确实是张假钞。

客户：真倒霉，气死我了，那你还给我。

员工：对不起，根据中国人民银行规定，发现假钞时一定要没收，希望您能够理解我们。我给您开一张没收假钞的收据。

客户：那也没办法。

员工：请问，接下来您是存2900元，还是存3 000元呢？

客户：存3 000元吧。

员工：请再给我100元。（双手接过钱，办业务）好了，您的钱存好了，请您核对一下，这张是假钞的收据，请拿好。再见！

没收假钞业务的注意事项如下：

（1）对客户而言，假钞被没收意味着一笔损失。要体谅他们此时的不满甚至愤怒，对他们表示出足够的理解和同情。千万不要因为客户的喧哗而提高自己的嗓门。

（2）虽然没收假钞是按规定办事，但切不可凭"规定"一句话简单了事，因为客户也是受害者。我们要在坚持原则的基础上，尽可能地做好解释工作。

（3）应主动教给客户识别假钞的知识，使他们增强反假能力，以免再次上当，体现关心。

六、大堂咨询

【案例5-11】

活动实例：大堂咨询服务

员工：您好，欢迎光临，您请坐。

客户：谢谢。

员工：请问您有什么事需要帮忙吗？

客户：我来看看我的工资到没到。

员工：请问您的存折带了吗？

客户：带了。

员工：那我领您去办一下存折补登好吗？

客户：好的，谢谢。

员工：（来到营业柜台）小王，请给这位大妈补登一下存折吧。

小王：好的.请稍等。（双手接过存折，电脑操作）请您输入密码。（客户输密码）您的工资已经来了.一共是580元，请看一下。

客户：对。谢谢，谢谢！

小王：不客气，欢迎下次再来，请走好。

大堂咨询的责任和工作要求如下：

（1）咨询的责任之一是善于观察，及时发现并帮助那些需要帮助但尚未提出或羞于开口的客户。老年人、小孩、孕妇都是需要帮助的，而对残疾人则要注意分寸，要在适当的地方以适当的方式关注，并在其确实需要时提供帮助，以维护其自尊心。

（2）咨询的责任还有维护营业场所内的秩序，做好保洁工作，疏导客户等，尤其是疏导客户。当柜台前人头攒动时，就应该根据经验和同事的工作情况，主动分流储户，并对他们表示歉意。如果发现客户在柜台有问不完的问题，咨询人员也有责任帮助同事解答他的问题，为柜台减轻压力。

（3）咨询员在营业场所内一定要微笑，切忌板着脸。因为一位咨询员的冷若冰霜，有可能会使柜台内几位同事的微笑努力化为乌有。

七、个人汇款业务

【案例5-12】

活动实例：个人汇款

员工：（欠身起立）您好。

客户：请问，可以办理个人汇款吗？

员工：可以。请问您要汇到哪里去？

客户：我要汇到深圳。

员工：请问是否急用？

客户：是的。

员工：这样好不好，我向您推荐实时汇兑，它到账迅速，而且费用也不贵，您看怎么样？

客户：好的。

员工：那么请您填一下实时汇兑凭证，并在第二联签上您的姓名和电话号码，以便我们取得联系。

客户：可以。

员工：请稍等，（坐下办业务后，双手递出凭证）请拿好，请您到旁边的出纳柜台交款。再见！

（出纳柜台）员工：（欠身起立）您好。

客户：请问个人汇款的钱是在这儿缴的吗？

员工：是的。（双手接过钱）请稍候。（坐下，办完业务后起立，递出回单）请您核对一下。

客户：没错。

员工：欢迎下次再来。

个人汇款业务的注意事项如下：

由于办理个人汇款对大多数人来说比较陌生，因此需要耐心细致地为客户解释。目前，银行的汇款方式有数种，工作人员应运用掌握的银行知识为客户做好参谋，维护客户利益，让客户既省钱又方便，使汇款安全快捷到达目的账户。

知识链接5-5

外语服务（外币兑换人民币）

bank teller：Good morning! Welcome to the Agricultural Bank of China! May I help you?

（柜员：早上好！欢迎来到中国农业银行。需要帮忙吗？）

customer：Good morning! I want to exchange some US Dollars into Renminbi.

（外宾：早上好！我想要把美元兑换成人民币。）

customer：Ah，what is today's exchange rate?

（外宾：今天的汇率是多少？）

bank teller：Today's exchange rate is one US Dollar to Renminbi 6. 1452.

（柜员：今天的汇率是1美元兑6. 1452元人民币。）

customer：Ok，that's fine. I would like to exchange 500 US Dollars.

（外宾：那好。我想换500美元。）

bank teller：Ok. Please show me your notes. For 500 US Dollars，you can get Renminbi 3 072. 60.

（柜员：可以，请把你的美元交给我。500美元可以换成3 072. 60元人民币。）

bank teller：Here's your money. Please check.

（柜员：这是你的钱。请点好。）

customer：Thank you.

（外宾：谢谢。）

bank teller：You're welcome.

（柜员：不客气。）

customer：Fine，thank you very much. Bye.

（外宾：好，谢谢你。再见！）

八、其他岗位行为规范

【案例5-13】

活动实例：后台为业务一线服务

员工甲：（电话铃响，接起电话）您好，农行西湖支行电脑部。

员工乙：您好，我是支行理财中心专柜，我这里的电脑出故障了。

员工甲：请问是一台电脑，还是所有电脑都有问题了？

员工乙：是一台电脑，您能不能过来看一下。

员工甲：好的。请稍等，我马上测试一下。（放下电话，到旁边一台电脑测试后，拿起电话）您好，电脑的通信是好的，可能是接口有问题了。我马上派人维修，再见。（放下电话）小王，你马上到理财中心专柜去一下。那里有台电脑估计是接口出了问题。

员工小王：好的，我马上就去。（拎起工具袋起身）

后台二线各部门要树立为一线工作人员服务的意识。二线为一线服务，就是为自己的同事服务，同样要热心周到。否则，面向一线的服务可能受阻，继而影响到客户的情绪。不要以制度等冠冕堂皇的理由拒绝同事的求助，相反，除非有绝对的把握，否则也不要在常规之外另辟蹊径，更不要出违反制度的歪点子。对临柜一线的求助，始终要以友好、认真、负责的态度给予答复。对能够立即解决的要立即解决，对一时不能解决的，要给出承诺。

1. 客户经理业务活动开展

客户经理是展示银行形象的流动窗口，因此其一举一动都要显得落落大方、文明优雅。穿着应整洁、得体，如穿行服，则应严格遵守穿行服的规定，如不穿行服，也应穿职业装。客户经理可以有适当的时尚装扮，但不能太惹眼，过于随便的休闲服饰不能穿，如松糕鞋、紧身衣等。夏天,女士要注意衣着的质地、厚薄和长短。

客户经理前去拜访客户时应注意:

(1) 事先与客户约定时间。

(2) 无论门开着还是关着,进房间都要敲门。

(3) 进出时要尽量和在场的每个人打招呼。

(4) 要遵守该单位安全保卫规定,譬如,进大门时要登记。

(5) 递、接名片用双手。

2. 大堂安保岗位

安保人员担负着维护金融场所营业秩序,保证金融企业及客户人身、财产安全的重任。其工作中应严格遵守安保服务的规章制度,具体实施以下服务礼仪规范:

(1) 按标准整齐着装,精神饱满,保持良好的仪容、仪表。

(2) 提前到岗,配合保洁人员整理营业厅内外环境。

(3) 严格按照规定的时间交接班,不得迟到、早退。如遇接班一方未按时到位,值班一方必须坚守岗位,不得擅离职守,并通知相关负责人。工作时间内不得做与工作无关的事情,严禁在工作时间饮酒、吸烟、赌博。

(4) 排队等候办理业务的客户较多时,要配合接待人员做好疏导工作,引导客户到可以办理业务的柜台等候。在疏导客户时要使用规范的文明礼貌用语。

(5) 经常对营业厅自助服务区进行巡查,保持自助服务区内秩序正常。自助机具加钞或维修时,安保人员应在周围协助维护秩序。

(6) 在营业大堂值班时,切忌把手插在裤袋或皮带里走来走去。接听无线步话机时,不要在营业大厅里,而要在相对隐蔽的地方,一方面,可以保密;另一方面,也是出于维护营业场所秩序的需要。

(7) 确保客户在“一米线”以内的私密性。客户不按顺序排队或拥挤在“一米线”内时,应及时礼貌提示。

(8) 客户办理大额存、取款或利用点钞机对大额现金复点时,要提高警惕,注意观察周围环境。

(9) 若有无关或可疑人员在营业厅内或门前长时间逗留,要及时进行礼貌巧妙的劝阻和疏导。

(10) 发现治安、消防等隐患要及时排除,发生案件、事故要及时报告,并积极采取措施,保护现场,减少损失。

(11) 遇抢劫、盗窃等营业厅紧急事件,要尽职尽责,采用正确处置方法,维护客户及工作人员的人身财产安全。

(12) 营业结束,准时关门,协助接待人员疏导营业厅内逗留人员。

(13) 对客户来说,只要是在金融机构的工作人员,就应该懂得金融业务。作为安保人员,尽力为客户解答问题也是应该的,但也不要太勉强,有时不妨把客户介绍到接待人员那里去,由接待人员为他们提供专业服务。

3. 公共保洁人员

公共保洁人员担负着营业环境的清扫、整理和维护任务,工作任务重,工作时间长。在遵守公共保洁操作服务流程的基础上,其具体礼仪规范如下:

（1）公共保洁人员应注意仪容仪表、着装整齐、精神饱满，保洁用具应完好、干净，并按指定位置摆放，工作前准备齐全。

（2）严格按时交接班，不准迟到、早退，工作时间内不得做与工作无关的事情。提前到岗，整理清洁营业厅内外部环境，并在营业过程中随时清洁；营业厅内部门窗、灯具、各类标志、地面、柜台、客户座椅、电源开关、消防设施等都要打扫干净、擦拭明亮，并及时清理垃圾箱；营业厅外部各类标志、附属设施和周围环境要擦拭、打扫干净，保持清洁、整齐；要根据情况放置防滑提示牌，雨雪天气还要放置防滑垫，并随时对地面进行清洁，保持地面干净、无积水。

（3）整理清洁内外环境时，遇见客户应主动问候，不能视而不见。

（4）整理清洁内外环境时，不得影响客户办理业务，不得影响客户等候休息，不得将清洁用具放置在客户视线所及的地方。工作中需要客户给予谅解时，应使用规范的文明礼貌用语。

（5）对于客户的咨询，应尽力解答。如遇到不清楚的地方，应迅速地将其引领至接待人员处，并向客户致歉。

◉　本章小结　◉

优秀的服务品质，既取决于各岗位文明得体的服务礼仪，也取决于安全健全的服务功能、快捷的服务效率，以及优美舒适的服务环境、先进高效的设备设施等。本章重点就银行的岗前准备、柜台服务、客户接待、突发事件处理、银行服务岗位业务活动规范等五个大方面来介绍了银行的岗位礼仪。

金融行业的每位工作人员都有责任从自己做起，从一点一滴做起，提高自身的服务艺术和服务水平，为把自己所在的企业建成一家发展高速度、经营高质量、效益高增长、队伍高素质、形象高品位的现代金融企业而不懈努力。

◉　本章复习题　◉

一、简答题

1. 银行服务岗位礼仪是指什么？

2. 简述如何做好银行服务的岗前准备工作。

3. 银行柜台服务的三个阶段和五个步骤具体指什么？

4. 银行业突发事件处理的原则是什么？

5. 银行处理投诉的内部流程是什么？

二、实训题

某日上午 10：00 左右，营业厅内客户较多，大都在休息区排号等候办理业务。这时，一位客户径直急匆匆地来到 3 号柜台前，3 号柜台的工作人员、大堂经理、保安等应该用什么语言和手势接待客户和办理业务呢？

［实训要求］

1. 针对以上的背景资料，以 4 人为一组，进行模拟接待客户和办理银行业务的练习。

2. 注意银行操作规范和服务礼仪"站相迎、笑相问、双手接、快速办、双手递、热情送"的具体运用，用心为客户服务。相互观摩，并在实训后进行讨论总结。

[实训提示]

1. 银行的临柜服务是金融服务的主流业务，学习临柜服务的岗位礼仪规范是非常必要的。

2. 对"站相迎、笑相问、双手接、快速办、双手递、热情送"的每一个细节都需要用心体验，灵活运用，练习到位，营造一个无可挑剔的"真实瞬间"。

第六章

金融行业营销服务礼仪

学习目标

通过本章学习，你应该：

1. 掌握金融行业电话营销的基本要求和礼仪规范；
2. 掌握金融行业接触营销和关系营销的基本要求和礼仪规范；
3. 了解金融行业网络营销的基本要求和礼仪规范。

导言

在金融行业竞争日趋激烈的今天，强化营销已无可置疑地成为金融业谋取自身生存与发展的重要策略和途径。在营销中注重营销礼仪是一个关键性问题，也是一个非常重要的环节。营销礼仪复杂多样，丰富多彩，在不同的时间、区域、民族、文化等条件下表现出明显的差异。这就要求金融营销人员熟悉金融产品不同营销方式下的营销礼仪规范，掌握金融产品营销礼仪基本要求，明确在营销产品活动中应注意的行为规范，做好金融行业营销工作。

第一节　金融行业营销服务礼仪概述

在学习中，在劳动中，在科学中，在为人民的忘我服务中，你可以找到自己的幸福。

——捷连斯基

一、金融营销

1. 何谓营销

营销学家菲利普·科特勒对营销的定义是："市场营销是辨别和满足人类与社会需要，把社会或私人的需要变成有利可图的商机的行为。"该定义反映了市场营销的实质内容，这就是以交换为中心，以客户需要为导向，通过协调企业资源使客户需求得到满足，并且在此基础上实现工商企业所追求的目标。

2. 金融营销

金融营销是市场营销在金融领域的发展。基本的市场营销活动通常由市场调查、产品开发、信息沟通、定价分销和售后服务等组成。贯穿于基本营销活动之中的是以客户的需要和欲望为导向的经营哲学，它要求企业必须以客户为中心，以满足客户的需要和欲望为己任，以整体营销为手段来获得客户对其产品和服务的认同、接纳和消费，通过优质服务赢得客户的满意，从而实现企业的长远利益。

在市场经济体系中，金融行业是一组专门为客户提供金融性服务，以满足客户对金融产品消费需要的服务性行业（商业银行是这组服务性行业的主体），它的营销既与生产消费品、工业品等企业的营销有相似之处，同时又有其自身特点和规律。金融行业的营销目的为借助精心设计的金融工具以及相关金融服务以促销某种金融运作理念并获取一定收益，金融营销活动的目标就是要争取新客户、留住老客户。为了实现这样的营销目的，金融行业在其经营过程中所采取的营销行为可以是多种多样的，一般可以概括为产品、价格、渠道和促销四个方面。

金融营销活动的最终目标是能够满足客户的需要，金融营销的主要任务是将客户的社会需要转化为盈利的机会，即金融营销是以适当的产品价格，适当的促销方式，通过适当的路径和网点，适时地把适当的产品和服务提供给适当的客户，并在适度地满足客户需要的同时，使企业自身获得盈利和发展。

因此，我们认为，金融营销是指金融行业以市场需求为核心，通过采取整体营销行为，以金融产品和服务来满足客户的消费需要和欲望，从而为实现金融企业利益目标所进行的经营管理活动。

二、金融营销礼仪

服务是最能够创造价值的营销武器，体现服务的手段主要就是礼仪的运用。礼仪可以塑造营销人员完美的个人形象，给客户留下美好的第一印象，让营销人员在营销开始之前就赢得客户的好感、信任和尊重。礼仪同时贯穿在营销的每个程序，它可以帮助营销人员从细节上区分客户的心理，避免或及时地挽救客户的异议和投诉。

所以，从这个角度来说，营销礼仪是新市场环境下竞争的核心，营销礼仪就是要把"无形服务有形化"，使得有形规范的服务和营销过程进行完美的结合。

在金融业竞争日趋激烈的今天，强化营销实力，注重营销礼仪已无可置疑地成为金融业谋取自身生存和发展的重要策略和途径。营销人员的综合素质决定着金融业的营销成效，是金融业发展的关键所在。

三、金融营销礼仪的基本要求

1. 以尊重为前提

社会交往中的各种礼仪，实际上体现的就是对对方的尊重。尊重是建立友谊、加深交往、发展关系、达成协议的前提，在营销产品的过程中，我们只有体现出对客户真诚的尊重，理解客户、宽容客户，做到礼遇适当、寒暄热烈、赞美得体，让客户感觉自己是受人尊重的，是受欢迎和有地位的，感到与你交往心情是愉快的，这样才能深入沟通，建立感情，达到目的。

2. 积极的工作态度

金融营销是对一种特殊产品的营销，其产品的共性化和争取客户时的被动性，决定了金融营销较一般的营销有更大的难度，因而也更富有挑战性。如果没有积极的工作态度，就很难在待人接物时表现出主动热情，也不可能做到彬彬有礼，自尊自信。只有树立了积极的服务意识，具备了积极的工作态度，才会迸发出极大的工作热情和敬业精神，才会全身心地投入到其中，以苦为乐，也才能够在整个服务过程中用极大的热情去感染客户，以美好的形象去面对每一位客户。因此，积极的工作态度是成功的重要保证。

【案例6-1】

小李是某证券公司的营销员，经常去客户家里做推销。在敲门以前，他总是先放松自己，然后想一些值得自己感谢和高兴的事情，直到脸上展现出具有感染力的微笑，自我感觉到一种真诚、热忱、自信的心绪在胸中涌动时，才去敲门。在小李看来，情绪具有很强的"传染性"，自己热情洋溢、满面春风，也一定能使客户热情起来、亲切友好起来，这对于推动营销的顺利进行具有不可忽视的积极作用。如果自己情绪不好，势必会在脸上、在言谈举止中有意无意地流露出来，客户一旦受到感染，必将会影响营销的顺利进行。

案例分析：金融营销作为一种特殊产品的营销，更富有挑战性，营销人员需要树立积极的营销意识，具备积极的工作态度，要有极大的工作热情和敬业精神，全身心地投入。在整个营销过程中，营销人员需要用极大的热情去感染客户，以美好的形象去面对客户。

3. 拥有自信，永不言"不"

自信是营销人员必备的心理素质，它体现了一个人的意志和力量，牵制着人的思维和言谈举止。作为金融营销人员，只有拥有自信，才能挥洒自如、左右逢源。要永远相信没有什么事是不可能的，只要抱着积极的心态去开发自身的潜能，就有用不完的智慧与能量，就会容易进入生龙活虎的状态，乐观应付，活力焕发，心智敏锐，从而达到心想事成的理想境界。

从某种意义上讲，我们必须明白自己为客户提供的是什么，我们的优点何在、缺点何在、目的何在，有哪些有利条件和不利因素，如何扬长避短、趋利避害等。我们面对的第一位客户就是自己，我们必须首先说服自己，才有可能去说服别人；我们必须首先欣赏自己、喜欢自己，才有可能让客户欣赏、喜欢、接受。

4. 充满希望，永不放弃

毅力是达到成功彼岸的关键所在，世界上没有任何事物可以取代毅力的地位。对客户的服务能否成功，一半靠实力，一半靠机遇，把握机遇要靠耐心和韧性，而耐心和韧性是那些心中总是充满希望的人的一种特性。如果你心中从不放弃希望，你就会相信只要自己努力，自己坚持，那么就"一切都会好的"、"一切都会有的"。

作为营销员，被客户拒绝是很常见的事，再成功的营销员也会不时地遭到客户的拒绝，问题就在于成功的营销员把被拒绝视为正常，他们不管遭到怎样不客气地拒绝，都能恰到好处地面带微笑、彬彬有礼、轻声细语地与客户从容而谈，并且从一次次失败的经历中总结经验，寻找对策。经历越多，他们遭到的拒绝就会越来越少，他们应付拒绝越轻松自如，他们的成功率就会越来越高。

5. 接受挑战，不卑不亢

在金融产品营销的过程中，我们会遇到形形色色的人，包括身份地位都比我们高出许多的一些客户。如果我们对对方的评价过高，我们的心智就会萎缩，在"交战"还没有开始的时候，我们就先输了一半，也就注定了失败的命运。一般来说，解决这一问题的最好办法就是：不要把对方当成对手，而是当成合作伙伴。挑战大、难度大，则希望大、成效大，对这些黄金客户我们要勇于接受挑战，不卑不亢，决不轻言放弃！要了解他们的需要，他们的爱好，他们的心理。

知识链接 6-1

客户不喜欢的服务态度

（1）假装没有看见客户接近。

（2）一副爱理不理的面孔。

（3）以貌取人。

（4）言谈粗俗无礼。

（5）语调高昂，缺乏耐心。

（6）工作效率低下。

（7）无精打采。

（8）问话不搭理，与同事高声喧哗，或者边聊天边回答客户的问题。

？ 思考与训练 6-1

作为一名金融行业的营销人员，你应该具备哪些特质？

第二节　金融行业电话营销礼仪

少说空话，多做工作，扎扎实实，埋头苦干。

——邓小平

电话营销与传统渠道营销、直销、网络营销被称为四大营销模式。一般而言，企业会根据自己的规模、产品与营销观念的不同，选择其中 2～3 种营销模式，作为企业的综合销售模式。

电话营销，作为金融营销的一种具体实施形式，是指金融企业通过使用电话，来实现有计划、有组织并且高效率地扩大顾客群、提高客户满意度和忠诚度的营销方式。

电话营销礼仪是指电话营销人员在电话营销活动中所应遵守的行为规范和操作准则。它体现在电话营销前的准备、电话营销中及电话营销活动后三个阶段对营销人员的心态、语言、服饰、行为的规范化要求，是优质的电话营销服务的保障。

一、金融行业电话营销礼仪的基本要求

1. 熟悉营销产品

熟悉营销产品，是电话营销的基础。无论什么时候，营销人员都要记住：打电话的目的是营销产品。所以，在熟悉营销产品的过程中，要学会自我提问：如果我是客户，我会对产品的哪些卖点感兴趣？怎样介绍产品能打动客户？当本人可以回答这两个问题后，要尽量写出来变成自己的语言。只有进行这样的准备，电话营销才可能收到预期的效果。

2. 了解客户资料

要想让电话营销的效果翻倍，全面了解客户资料是一个很好的途径。没有准确的客户资料，盲目地拨打电话，不仅效率很差，也会让人反感。因此，正确的方法是：对于搜集到的客户资料，一定要仔细认真阅读。只有对客户充分了解后，电话营销才能做到有的放矢。

3. 尊称客户姓名

每个人对自己的名字都有一种特殊的情感。电话营销中称呼客户的姓名而不是简单地报以"先生、女士"的问候，这样更能增加亲切感，更加迅速地消除营销人员与客户之间的距离感。营销人员称呼对方名字时一定要热情，并且要注意每说两三句话时要提及一下对方的名字，这样会显得更加友好。

4. 语言标准清晰

既然是电话营销，客户只能听到营销人员的声音，因此营销人员有必要保证电话里的每一个字都要清晰准确。

（1）普通话要标准，说话的速度要适中，要根据客户的说话速度来调整自己的速度，要把每一个字都说清楚。

（2）要学会发出强调音，一般在产品名称、企业名称、人名都要加重，这样有利于加深客户记忆。此外，语言发音准确与否还直接影响客户对你的印象。

5. 掌握电话技巧

电话营销中，掌握电话技巧是营销服务的基础。由于电话营销途径单一，不能面对面运用多种营销手段对客户服务，因而服务难度较大。

电话营销中，要通过声音塑造自己的专业形象，这就要求营销人员要深谙电话服务技巧。一个营销人员只有了解、掌握并熟练运用了电话服务技巧，才有可能做好电话营销工作。

二、电话营销礼仪规范

电话是当前人与人之间进行交流和沟通的便捷工具。在金融行业，通过电话进行营销，能使金融营销的整体工作效率大幅度提高。

要想让客户对我们产生好感，获得他们的信任，就需要在服务过程中掌握电话服务的一些技巧和方法，掌握在服务过程中应当遵循的一些行为规范。

1. 电话营销前的准备

（1）心态调整。电话营销因其营销方式及工作环境的单一，令营销人员的心态调整显得十分重要。

①营销人员要对自己的工作充满自豪感，要认识到自己所接听或拨出的每通电话都是重要的。每一个营销人员，代表的都是企业形象，对每一个客户都要抱着认真负责的态度，决不能敷衍。

②营销人员要重视每一个客户。营销人员所接听或者拨通的每通电话的对象，都有可能是企业的大客户，都可能为企业带来效益。

③营销人员要以一种"欢喜心"去工作。营销人员要想赢得对方的信任，就要喜欢通电话的对方，要善于揣摩客户讲的每一句话，表现出对客户的话感兴趣、认可和关心，流露出发自内心、真心实意的感觉。同时，营销人员要对自己充满自信，喜欢自己的声音。

④树立"没人会拒绝我"的服务心态。营销人员要清楚，在营销过程中遭遇拒绝是很正常的现象，不要因此有失败感。要善于总结客户拒绝的原因，及时调整策略，这样电

话营销服务才有了提升的空间。

（2）物质准备。安静整洁的工作环境，不仅仅是营销人员的工作要求，也是客户的要求。所以，营销人员上岗前，对工作环境进行整理是必需的。应将工作桌面收拾干净，将服务当中要用到的物品摆在最顺手的位置，将最常用的产品特点介绍大纲、最常用的营销信息贴在最易观看的位置，将一面镜子正对着自己摆放，用以观察自己在电话营销时的表情，以便提醒自己注意服务时的语气、语调，这些小小准备都将给电话营销带来积极的影响。

当然，准备计时工具、记录工具，保证电话设备使用正常、语音清晰等也是必备的。

（3）文稿准备。电话营销服务，事先如果准备好了优质的营销文稿，本次营销的成功也就基本达到了一半。电话营销文稿，是指营销人员站在客户立场，将要营销的产品的特点、收益、优缺点等信息全部罗列出来，然后根据这些信息编写一份说明文稿来进行解答。它常以问答的形式出现，对于控制营销步骤、明确营销的重点，能起到很好的辅助作用。

2. 电话营销中

（1）电话预约的基本要领。做好电话预约，既是电话营销的基本要求，也是电话营销礼仪的基本要求。电话预约的要领是：以客户的时间为基准；力求谈话简洁，抓住要点；考虑到交谈对方的立场；使对方感到有被尊重、重视的感觉；没有强迫对方的意思。

（2）电话服务的基本礼仪。接听电话，看起来很简单，实际操作上还是大有讲究的。

①营销人员应养成左手持听筒、右手拿笔的习惯，这样便于电话接听过程中的记录。

②接听电话要及时。一般来讲，营销人员应在电话铃响不过三声时接听电话，如超过三声，应马上致歉："抱歉，让您久等了，请问有什么可以帮到您？"

③主动热情地进行自我介绍并对客户表示问候。如："早上好，我是某某银行人力资源部的某某，请问有什么可以帮到您？"

④迅速确定来电者身份、姓氏，并听清楚来电目的。

⑤保持正确的听电话姿势，注意自己的声音，说话态度要和蔼，语言要清晰，要保持良好的心情。

⑥遵守5W1H的通话要点，即必须关注：Why（目的）、What（对象）、Where（地点）、When（时间）、Who（人员）、How（方法），并进行仔细记录。

⑦营销人员应复述重要的事项，对于5W1H中的重要项要运用重音或者重复加以强调。

⑧营销人员应对客户的来电表示真心诚意的感谢："谢谢您的来电。"

⑨营销人员应及时将电话营销的情况进行记录。

拨打电话与接听电话不同，应当遵循的礼仪亦有差别。

①营销人员要选择适当的时间拨打电话。适当的时间是指不打扰客户、客户方便接听的时间。不同行业、不同单位的客户在接听电话时间上略有不同，营销人员应在电话拨打前了解清楚。

②营销人员应在电话接通时主动自我介绍："您好！我是某某银行人力资源部的某

某，请问某某在吗?"

③营销人员应确定通话对象是自己要找的对象。

④营销人员应主动征询通话者是否方便接听电话。如不方便，应立即致歉，并约时间再联系。

⑤营销人员应尊重对方的时间，长话短说，勿占线太久。如拨打电话需要较长时间，需事先向客户说明，并征求其意见。

⑥营销人员应熟记事先准备的营销文稿，不能给客户一种照本宣科的感觉。

⑦对于客户的提问，营销人员要耐心、细致地解答。对于重要问题，要善于运用聆听技巧，引导客户的谈话。

⑧对于客户谈到的问题，同样应遵守5W1H的通话要点并进行仔细记录。

⑨电话结束时，应对客户送上自己的祝福及感谢。

⑩营销人员应及时将电话营销情况进行记录。

（3）电话营销服务技巧。在繁杂的商业社会里，建立信任永远是最为核心的内容，在电话服务中更是如此。在没有任何的身份证明，也没有出示任何的商业契约的情况下，仅仅通过声音就让客户建立起强烈的信任，这无疑是件非常困难的事情。正是如此，在电话的服务中使用一些技巧才显得尤为必要。

①建立信任关系是一个过程。电话服务说到底其实是一个人与人交往的过程管理，要想一次性达成交易的概率很小。"电话服务就是持续不断的追踪。"一位优秀的电话服务人员首先是一个相当具有自信和耐心的人，因为在一个长达数月甚至一年的与客户接触的周期中，这位服务人员必须要对自己的产品拥有足够的自信以及对顾客提供服务的执著。长期的跟进，而不是一打电话就谈产品，更能让顾客感觉到"服务人员是为我着想的，而不是单纯地卖产品"，久而久之，一旦顾客对服务人员产生了信任，不但能达成现有交易，而且还能发掘出潜在的客户。

②服务人员必须在极短的时间内引起客户的兴趣。在电话拜访的过程中，如果没有办法让客户在20~30秒内感到有兴趣，客户可能随时终止通话，因为他们不喜欢浪费时间去听一些和自己无关的事情。

③电话服务是一种你来我往的过程。在电话沟通的过程中，最好的过程是服务人员说1/3的时间，而让客户说2/3的时间，如此就可以维持良好的双向沟通模式。一般情况下，在初次沟通中总会是服务人员说得多一些，而随着与客户沟通的深入，客户参与的程度就会愈来愈深。

④把握适当机会赞美客户。真诚地赞美客户，是拉近与客户距离的最好方式。在电话的交流中，声音是可以赞美对方的第一点。在与客户的交流中，只要服务人员认真聆听，实际上可以通过声音掌握到客户很多方面的信息，如年龄、教育程度、做事情的态度等。而服务人员正好利用这些获取到的信息，适当地赞美对方，就可以很好地营造谈话的氛围并能很快地改变顾客的态度。如"听您的声音，您应该只有30岁左右吧"、"听您的声音，就知道您做事特别果断"、"您说话的声音真的很好听"等等，这些话语要使用得恰到好处，可谓是屡试不爽。

⑤了解对方的有关信息。除了声音以外，对方公司和掌握顾客的一些履历都是赞美的亮点。不过，赞美一定要把握适当的时机，时机不对则会适得其反，因此"真诚"二字

尤为重要。懂得寻找与顾客的共同点，营造双方的认同感，例如"我们都姓张呀"、"我们是老乡呀"、"我们原来都在杭州上大学呀"等这些共同点能够很好地拉近与顾客的距离。

⑥尽量坚持以关系为导向。在现实的服务过程当中，要想在如此激烈的竞争环境中脱颖而出，就必须要懂得维护与客户的长期联系。例如，在金融理财方面，消费者从有这个念头到最后真正实施金融投资是有一定的时间跨度的，在这一段时间内，要想最后真正赢得客户，就要尽量坚持维护与潜在客户的不断联系。

【案例6-2】

小张是某证券公司的营销人员，他特别注意与客户建立起良好的关系。在公司与某一个客户的合同快到期的前一个月，他给客户打了一个电话，称本公司有一个附加产品可以送给客户，那个客户当时还有些不太相信。小张在电话中承诺3天之内可以将附加产品给客户寄过去，并提醒客户注意查收。3天之后，小张打电话给那个客户，确认附加产品是否已经收到，而那个客户刚好在进办公室的时候看见了小张寄来的附加产品说明。小张表示，如果客户有任何问题，可立即跟证券公司联系，这让那个客户非常感动。两个星期之后，那个客户的合同到期了，小张再一次给他打电话，并说："考虑到您的合同快到期了，我能不能给您送些资料过来，这样您参考时也方便一些？"结果，小张顺利地让那个客户继续买了本证券公司的产品。在此之前，那个客户曾接到十几家证券公司打过来的电话，他烦得要命。

案例分析：这是比较典型的以关系为导向的电话营销案例，侧重与客户在关系层面建立联系。通过这种关系，让客户自然而然地接受你的产品。电话营销时，要掌握电话营销礼仪规范，包括电话预约的基本要领和电话营销的基本礼仪，要注意用我们的声调和语言表达我们的微笑、诚意和修养。电话营销说到底其实是一个人与人交往的过程管理，"电话销售就是持续不断的追踪"。与客户建立信任关系，引起客户的兴趣，适时赞美客户，了解客户信息，尽量坚持维护与潜在客户的不断联系，争取最后真正赢得客户。

3. 电话营销后

电话营销开展之后，营销人员应及时整理客户资料，分享服务体会，制订后续服务计划，这对于提高营销能力、提升营销业绩是很有帮助的。

（1）整理客户资料。及时整理客户资料，每个营销人员都有自己的一套整理客户资料的方法，但其目的都是更好地了解客户，以便给客户提供有针对性的服务。

一般而言，客户的姓名、年龄、家庭住址、联系方式、爱好、禁忌、购买产品的时间、品种、价格、电话营销的时间、反馈、预约时间等反映客户的基本特征及消费特征的信息是不可缺少的资料。

（2）配合其他方式。电话营销若有效地与其他营销方式（如接触营销、关系营销等方式）结合起来，则能产生"1+1>2"的效果。

对于金融行业而言，营销是个系统工程，不能片面地、孤立地看待各种营销方式。实际工作中，营销人员也是根据客户的不同特点，使用组合营销的策略。如通过电话营销让客户对企业产品有所了解，然后将收集来的客户资料及时整理，再有针对性地采用上门拜访等接触营销的方式；或将通过电话营销收集来的客户资料及时知会大客户部，由大客户部再制定专项的营销服务策略等，这样的"组合拳"往往更能得到客户的认同。

（3）及时予以回复。对于电话营销中给客户的承诺，营销人员必须在约定时间内及时回复。这既是讲诚信，也是对客户的尊重。如遇到在约定时间内不能解决的问题，也应在约定时间与客户联系，说明原因，表达歉意，争取多一点时间来处理。

（知识链接6-2）

金融行业电话营销中一些常见的失礼行为

1. 通话前准备不充分。它通常包括：

（1）通话前没有调整好心态，不能以同理心对待客户，这将使通话效果大打折扣。金融行业工作人员要牢记：面对的不只是声音，更是一个个鲜活的客户。面对面服务时的心态是怎样的，电话服务也应该是怎样。

（2）通话前未准备好通话时所需的资料，边打电话边找材料。客户是可以从匆忙的声音和忙乱的动作中了解到你是准备不充分的。

（3）通话设备不佳，发出刺耳的声音、话筒送音或者接收不清晰，这些都将严重地影响通话效果。

（4）通话时没有选择一个合适的环境。通话时，如果周围的环境不佳，通话环境嘈杂，势必会要求通话双方不得不提高声调，给人带来不快。

2. 通话过程的处理不当。它通常包括：

（1）接听不及时。电话铃响之后，迟迟不接。

（2）拨打电话不合时宜。拨打电话时没有考虑受话方是否方便接听，给对方带来不便。

（3）拨打电话时间过长，并且没有征求对方的意见。

（4）一心多用，边打电话边与周围的人交谈。

（5）通话时，声音太响，震耳欲聋。

（6）边打电话边吃东西。

（7）未经同意使用免提键。

3. 通话后的不当行为。它通常包括：

（1）挂断电话不分先后。挂断电话要遵循"尊者先挂"的原则。上级、客户、女士、主叫方先挂；下级、服务人员、男士、被叫方后挂。

（2）对于客户的投诉电话，没有表达歉意或者感谢。

（3）电话挂断动作粗鲁。

（4）通话完毕没有及时记录，该给客户及时回复、及时处理的，没有追踪服务。

一次失礼的通信行为，可能会给金融业从业者带来毁灭性的形象打击。从业者在工作中一定不能掉以轻心，出现上述不当行为。

？ 思考与训练6-2

日常生活中，你是否也接到过各种金融营销电话，如保险公司、银行等向你做调查问卷或者免费赠送保险等？接到电话时你的反应是怎样的？如果你是那个电话营销者，你该怎样进行电话营销？

第三节　金融行业接触营销礼仪

即使开始时怀有敌意的人，只要自己抱着真实和诚意去接触，就一定能换来好意。

—— 池田大作

金融业从业者与客户接触沟通的方式多样、场合多变，既有营业厅的营销服务，也有登门拜访时的主动营销。

接触营销，是指金融业从业者在与客户的接触沟通中，不断挖掘客户理财需求和其他金融需求，为其制订满足客户需求的理财策划方案，提供一系列专业的金融服务活动。它主要包括上门营销和柜台营销两种方式。

金融业从业者只有抓住每一次与客户接触沟通的机会，遵循礼仪规范，体现顾客至上的服务理念，积极主动营销，才能为企业带来源源不断的经济效益。

【案例6-3】

某天，张强去光大银行某支行办理业务，看到营业大厅里摆放着醒目的理财产品宣传广告，其中周期短、风险低、收益高等引起了张强的兴趣。这时，一位男营销员热情地迎了上来，满脸微笑，主动打招呼介绍这种理财产品。他的介绍很在行、很流畅，从产品优势到产品特点，从低投入、低风险到高回报率，说得头头是道，还不停地说某客户已经获得收益，准备再次投入资金购买，等等。开始时张强还因为他热情而熟练的介绍，对产品颇感兴趣，本想深入咨询，可营销员总是喋喋不休，也不顾及张强的感受，似乎有一股你不买他绝不罢休的劲头。在褒扬本银行做的理财产品的同时，他还贬低别的银行的理财产品，张强不免对其动机产生了疑问，也没了先前的好感。幸好这时又来了一位客户，张强便趁机离开。张强心想，那位营销人员肯定会为自己的白费口舌有几分失望，为什么营销人员滔滔不绝的介绍反而扑灭了客户的购买欲呢？

案例分析：该案例说明了在接触营销过程中，营销交往礼仪的运用是否恰当将对营销结果起到相当重要的作用，营销人员只有把握好营销礼仪方面的问题，然后在营销过程中不断创新，方能取得良好的营销业绩，为银行赢得良好的服务形象。

？ 思考与训练6-3

分小组讨论一下，【案例6-3】中男营销员的做法哪些是对的？哪些是错的？

一、金融行业接触营销的基本要求

开展接触营销时，下列要求必须予以遵守。

1. 尊重客户

毫无疑问，尊重客户是一切金融服务、金融营销的基本要求。尊重客户具体体现为以下几点：

（1）尊重客户的选择。尊重客户，从尊重客户的选择开始。虽然，客户的选择不一定对金融企业有利，客户的选择不一定能达成交易，但一切服务和营销还是应建立在尊重的基础上。先接受他的意见，再结合他的意见，采取影响改变客户选择的方法和策略。

（2）把握尺度。为了达成交易，提升业绩，营销人员必须争分夺秒，主动营销。但与此同时，营销人员又要考虑客户的感受，站在客户的角度思考问题。只有营销人员的服务不但体现了对客户的尊重，而且很好地把握了营销的尺度，营销效果才可能达到最佳。

（3）换位思考。金融行业从业者换位思考，既能理解客户，及时准确地发现需求，又能表达对客户的尊重，这是必须加以遵循的有效法则。

（4）实事求是。尊重客户，还体现在让客户全面地了解营销的产品及服务，以便客户作出正确的判断。

2. 维护形象

在接触营销过程中，形象问题至关重要。

（1）第一印象。营销界流行着这样一句话："接受你的产品从接受你这个人开始，接受你这个人从接受你的形象开始。"

对于营销人员来说，第一印象犹如生命一样重要，你给顾客的第一印象往往会决定交易的成败。顾客一旦对你产生好感，自然也会对你和你营销的产品有了好感，正所谓爱屋及乌。所以，在与客户打交道时，营销人员必须注意自己的仪容、仪表，在拜访、交谈、握手等环节一定要遵循礼仪规范。

（2）专业形象。营销人员必须不断提升自己的礼仪修养，以此塑造专业形象。营销人员的仪容、仪表、服饰着装、职业谈吐、待人接物、专业知识等方面，在日常工作中都应特别予以重视，这样才能体现出自己的专业形象。

金融产品的风险性决定了金融客户对专业人士、专业技能的期待。金融营销人员只有在形象的各个方面都表现专业性才容易获得顾客的信任。

【案例6-4】

李强是某学校的高材生，毕业后分配到一家银行营销部供职。一日，李强去某公司营销，因在校不拘小节，以穿衣随便为潇洒，这一次和往常一样，很随便地穿了一件衣服就去拜会该公司的老总。守门的警卫见他穿得如此寒酸，立刻拦住他，对他详加盘问，弄得李强很尴尬，费尽口舌，百般解释，才终于被放行。李强上了楼，刚要自报家门说明要拜会老总，就被秘书颇为礼貌地告知老总不在。李强很扫兴地走出公司，刚好遇见昔日的同窗好友，遂告知所受"礼遇"，好友上下打量其一番，坦言相告，老总就在公司，但请他换件衣服再来。李强恍然大悟，自此，他再也不敢随随便便着衣戴帽。

案例分析：该案例中李强在与客户接触营销前，没有注意自己的着装仪表，没有做好形象准备，这是对客户的不尊重。金融行业营销人员应该遵守行业仪容仪表的相关规定，以一个专业的形象出现在客户面前。

3. 关注细节

细节体现服务，细节体现品质，在金融营销中尤其如此。关注细节，具体应把握好关键时刻及全面周到这两点。

（1）关键时刻。关键时刻，在金融营销中指那些最能影响客户购买决定的、达成交易的服务或者是营销时刻。它可能是一个电话，也可能是一杯茶水、一句问候、一张贺卡、一声道歉。其实，每一个细节都可能是营销的关键时刻，也都有可能成为最终达成交易的"致命一击"。

"营销不分先后，服务不分大小。"营销人员从身边的小事做起，注重细节，就是掌握了营销的关键时刻。

（2）全面周到。既然服务无处不在，细节无处不在，营销人员在营销活动中就更应该全面周到地关注客户的每一个需求，不错过每一次给客户服务的机会。

从热情有礼的迎宾到恋恋不舍的送别，从记住客户的姓名到给客人的生日贺卡，从关注客户的不便到主动给客户提供帮助，营销人员只有从细节之处入手，全面周到地对客服务才能让客户感动。

二、金融行业接触营销的主要礼仪规范

在具体操作接触营销时，以下主要规范应予以遵守。

1. 积极准备

积极准备包括心态调整、仪容检查和物质准备三部分。

（1）心态调整。心态调整对于接触营销非常关键。简而言之，就是要有感恩之心和自信之心。对待客户要感恩，因为没有客户的关注，就没有体现自己能力、实现自我价值的机会；要树立自信心，就是要认识到：没有人可以拒绝"我"！因为"我"是他们最值得信赖的朋友，"我"是真的想去帮助他们，"我"的服务是世界第一流的；拒绝"我"，他们只是对"我"的产品还不够了解，他们只是在拒绝自己应该获得的好处，他们只是暂时还不需要这种服务。

（2）仪容检查。岗前准备时仪容仪表的检查是必不可少的。营销人员应保证自己出现在客户面前的形象永远都是专业的、严谨的、稳重的。

知识链接6-3

自我形象十大检查

	男性		女性
头发	是否理得短而端正？ 是否保持整洁？	头发	是否经常整理？ 是否遮脸？ 是否端正？
胡须	每天早上剃吗？ 剃得干净吗？	化妆	是否过浓？
领带	颜色花纹是否过于刺眼？ 上衣和裤子颜色是否搭配？	衬衣	领口袖口干净吗？ 纽扣是否掉落？ 是否和外衣协调？
西服	颜色和花纹是否过于刺眼？ 上衣和裤子颜色是否搭配？ 穿前是否熨烫？	服装	是否过于随便怪异？
衬衣	颜色和花纹是否过于刺眼？ 和上衣、裤子颜色搭配吗？ 穿前是否熨烫？	内衣	有无外露？

	男性		女性
工作服	是否有破损或斑迹		
手和指甲	手是否干净？ 指甲是否剪短并清洁？	手和指甲	手是否干净？ 指甲油颜色是否过于艳丽？
裤子	穿前是否熨烫？ 膝盖部分是否突出？ 是否有斑迹？ 拉链、搭扣有无理好？	裙子	穿前是否熨烫？ 拉链有无异常？ 是否有斑迹？
袜子	有没有破损？ 和衣服的颜色搭配吗？	丝袜	颜色是否合适？ 有无破洞？ 是否有另备？
皮鞋	颜色是否合适？ 是否擦拭干净？ 鞋带是否松了？	皮鞋	是否擦拭干净？ 颜色合适吗？ 鞋跟是否过高？

（3）物质准备。要想做好营销，就要有完整的准备。

①准备展示夹。每个人都可根据自己的业务经验设定多种展示夹，展示夹可以存放：营销人员的工作证和照片、家庭照片、银行文化的介绍、员工队伍简介、产品说明、使用手册、收集的媒体资料、小礼品。

②准备好名片。名片的存放、使用一定要符合礼仪规范。

③整理公文包。公文包应该整洁有序。营销人员要能清楚地记得合同书、印鉴及各种目录文件所放置的位置。只有这样，营销人员才能在准备签单的那一刻不用翻公文包，就能立刻抽出合同书，对客户说："先生（小姐），请您在这份文件上签字。"

2. 时机的寻找与介入

寻找营销时机与直接介入，均不可随随便便。

（1）仔细观察。营销人员与客户接触的那一刻，应仔细观察客户以下几个方面的特征：客户年龄、交通工具、衣着、饰品、携带物品、言谈、行为举止等。虽说客户的表象特征只能作为营销参考，但它提供的信息往往还是很有意义的。当然，除了这些特征外，营销人员还需要结合其他客户信息以及后续的接触服务，才能准确地把握客户需求，切不可以貌取人，嫌贫爱富，带着"有色眼镜"服务。

（2）解答咨询。接触营销中，仔细观察客户后，第一次和客户进行接触、问候或者咨询是否顺利，对后面的营销工作影响会很大。金融行业从业者需要针对客户的不同需求，积极热情地解答客户的咨询。专注、及时、耐心、主动是这一阶段最为重要的礼仪要求。

3. 探寻客户的需求

营销人员在对客户营销中，往往通过提问、倾听、确认、信息收集、信息确认等环节来探寻并准确把握客户需求。

（1）提问。营销人员在与客户沟通时，应有效地提出问题，激发客户的兴趣，通过客户的回答来分析客户的需求心理，了解客户对产品的认知程度，永远不要让客户有被推销的感觉。若营销人员的提问让客户感到他的光顾是在帮助营销人员，那将非常有利于营销工作的开展。

（2）倾听。营销过程中，认真倾听客户的意见，是对客户尊重的一种表达方式，也是营销人员探寻客户需求的一种有效手段。营销人员应做到：要用心地去倾听；要耐心地去倾听；要用你的眼睛去倾听；要有理解地去倾听；要有反应地去倾听；要有礼仪地去倾听。

（3）信息收集。营销人员通过观察、提问、倾听这些接触营销的沟通手段，来收集客户的信息，以便确定客户的需求。这样一个信息搜集的过程，也是一个接触营销的实施过程。

（4）需求确认。对收集来的信息进行整理、分析，从而确认客户的需求，这能够为下一步有效地进行产品推介做好准备。

4. 潜在客户的挖掘与产品推介

（1）挖掘潜在客户。潜在客户是针对现有客户而言的，是有可能成为现有客户的个人。对营销人员而言，在充分提升现有客户满意度的同时，要通过各种方式寻找和营销新客户，将潜在客户发展为现有客户，以此来扩大客户群。

（2）产品推介。营销人员能否有效地向金融客户进行产品推介，将直接影响到接触营销的最终结果。而产品推介过程，也是营销礼仪集中体现的一个环节。毫无疑问，营销人员在进行产品推介时需以"客户至上"为服务宗旨，实事求是、符合礼仪规范地向客户介绍金融产品及服务。

常用的推介方法如下：

①三段论介绍法。营销人员的产品推介包含产品的事实状况、产品的性质或功能、产品的利益三个部分，并且分段进行。这样介绍具有条理清晰、简明扼要的特点。但实际工作中，一旦发现客户对介绍的问题不感兴趣，营销人员则应及时调整推介方案。

②事实介绍法。营销人员以事实为依据，侧重通过运用产品演示、视角证明、成功案例等营销手段，向客户进行产品推介。这种方法较直观，也很立体，能较好地吸引客户的注意力。

③广告介绍法。营销人员通过张贴宣传画、散发产品宣传单、提供社区金融服务等手段，吸引客户的注意，从而达到广泛宣传、产品推介的目的。

5. 与竞争对手进行比较

营销人员在对客户营销中，常常会遇到客户将营销人员推介的产品与其竞争对手的产品进行比较的情况，此时，营销人员如何应答将直接反映其业务素质及道德修养的高低。营销人员应牢记，遇到这样的情况，永远不要说竞争对手的坏话，即使是客户在大谈特谈竞争对手的不是。营销人员若能强调双方之间的不同之处，客观地给客户以意见，大方地称赞对方是个不错的竞争对手，这样的表现将更加容易博得客户的信任与好感。

6. 应对客户的拒绝

拒绝是客户的习惯性反应。客户经常向前来营销产品或服务的人表示拒绝，有时候他们甚至可以用一个千篇一律的理由打发走所有的营销人员。一般来说，拒绝包括三种：一是拒绝营销人员本身；二是客户本身有问题；三是对金融机构或者是产品没有信心。

通常情况下，只有研究客户拒绝的原因才能了解客户真正的想法。如何积极应对这些问题，就要求营销人员既要掌握灵活的方法又要了解必要的原则及礼仪规范。

（1）答复客户异议的时机。选择答复客户异议具体的时机，讲究甚多。

①答复客户异议的时机以客户异议尚未提出时为最佳。防患于未然，是消除客户异议的最好方法。假如营销人员觉察到客户会提出某种异议，最好在客户提出之前，就主动提出来并给以解释，这样可争取主动，先发制人，从而避免因纠正客户看法或反驳客户的意见而引起的不快。

②客户提出拒绝后宜立即回答。绝大多数拒绝需要立即回答。这样既可以促使客户购买，也是对客户的尊重。

③客户以下情况的拒绝需要营销人员暂时保持沉默：一是客户拒绝显得模棱两可、含糊其辞、让人费解；二是客户拒绝显然站不住脚、不攻自破；三是客户拒绝不是三言两语可以辩解得了的；四是客户拒绝超过了营销人员的议论和能力水平；五是客户拒绝涉及较深的专业知识，解释不易为客户马上理解。营销人员遇到上述情况，不要贸然作答，留出充足的时间来思考，选择合适的时机来回复，效果要好得多。

④有时不回答客户的问题是一种技巧。不便回答客户拒绝时可采取以下技巧：沉默；装作没听见，按自己的思路说下去；答非所问，悄悄扭转对方的话题；幽默一番，最后不了了之。但不论哪种处理方式，都不能体现出对客户的不敬。

（2）应付客户拒绝的规范。应付客户拒绝处理技巧的关键是抓住客户心理，尊重客户，并懂得分析客户拒绝背后的真正问题。常常用到的技巧及礼仪规范有以下几种：

①真诚地面对客户拒绝。遇到客户拒绝，真诚地面对，不逃避拒绝，将计就计，往往能获得客户感情上的认可，能收到意想不到的效果。例如：

客户：我没时间听你的介绍。

营销人员：我理解。我也老是觉得时间不够用。不过只要3分钟，您就会相信这是个对您有益的建议……

②让客户感受到是他自己在拿主意。例如：

客户：你说来说去，结果还是要推销东西？

营销人员：我当然是很想向您推荐这个理财产品了，不过要让您觉得值得投资的，才会销售给您。有关这一点，我们要不要一起讨论研究看看？下星期一我来拜访您？还是您觉得我星期五过来比较好？

③尊重客户的意见，合理地利用客户的拒绝。例如：

客户：我要先跟我太太商量一下这项保险！

营销人员：好，先生，我理解。可不可以约夫人一起来谈谈？约在这个周末，或者您方便的某一天？

④赞同客户的意见，适当给予补偿。当客户提出具有事实依据的异议时，营销人员应该承认并欣然接受，而不应该极力否认事实。这时，还要给客户一些补偿，使其得到心理的平衡。例如：

客户：这种基金的收益率很稳定，可惜收益率不是最高的。

营销人员：您真是天生具有理财能力，这种基金的收益率确实不是最高的，但是高收益率往往对应着高风险。

7. 帮助客户作出决定

帮助客户作出决定，是接触营销中很重要的一个环节，它直接体现了营销人员的专业水平。学会帮助客户作决定首先需掌握客户心理的变化规律：表示注意→产生兴趣→提出疑问→进行比较→完全相信→决心购买→感到满意。

一名优秀的营销人员要善于为客户作出正确的决定，要具体分析客户的实际情况，站在客户的角度为客户作出决定。帮客户所作出的决定，一定要对客户是有利的。

（1）捕捉客户的购买信息。客户面临的选择非常多，一般不会轻易作出购买决定，即使想购买某种产品，常常也会犹豫不决。营销人员应注意捕捉客户的购买信息尤其应注意客户在沟通时所流露出来的语言、动作及表情信号。营销人员只有正确解读客户的购买信息，才能促进成交。

（2）帮助客户下决心。帮助客户下决心，应注意以下两点。

①要尊重客户意见，给客户提出可选择的方案。例如：

营销人员：李小姐，哪一种理财产品对您比较好，是买组合还是买一个？

②要尊重客户，给客户实实在在的帮助。例如：

客户：我不需要这项保险。

营销人员：您是说暂时不需要吗？不过如果您晚一些购买的话，价格和现在就会有比较大的差别，而且现在的很多优惠到时候就不能享受了。

经验证明，客户只有在营销过程中得到足够的礼遇及专业的营销服务，才会作出购买的决定。

8. 超越客户的期望

随着金融客户对企业的期望值越来越高，客户的需求也越来越多样，营销人员只提供简单的基本服务已经难以让客户满意了。只有超越客户期望的客户服务才能让客户感动，才能造就客户忠诚，才能让企业拥有源源不断的效益。

营销活动中，以客户需求作为切入点，以营销礼仪规范作为行为标准，正是超越客户期望从而赢得忠诚的万能钥匙。营销人员只有处处为客户着想，最大限度地为客户创造价值，超越客户的期望，才有可能打造对企业忠诚的客户团队。

第四节　金融行业关系营销礼仪

真正的礼貌就是克己，就是千方百计地使周围的人都像自己一样平心静气。

——蒲柏

关系营销，即把营销活动看成是一个企业与消费者、供应商、分销商、竞争者、政府机构及其他公众发生互动作用的过程。关系营销的实质，是在市场营销中与各关系方建立长期稳定的互相依存的营销关系，其核心是留住顾客。它区别于以数量化来创造价值的传统营销方式，主要以在同一顾客身上多次实现价值为目标。这样一来，企业可以把中心转移到关注顾客的满意度上，通过软性化的服务来实现顾客的忠诚，从而大幅度地降低企业的营销费用，同时顾客也可以获得高质量的服务和其他一些优惠。

关系营销，是把建立与发展同所有利益相关者之间的关系作为企业营销的关键，把正确处理这些关系作为企业营销的核心工作。关系营销就是要巩固这些关系，给客户以可靠、可信的感觉。金融关系营销理论要求重视建立并维持与客户、政府部门、新闻媒体、社区的良好关系，保持与企业内部员工的融洽关系，促进与竞争者的合作关系。

关系营销礼仪，是指在关系营销中金融业从业者所应遵循的行为准则和规范。它不是简单的礼仪行为规范堆砌成的一堵墙，横亘在客户与金融企业之间，而是由尊重和礼遇构建的一座沟通桥梁，有利于客户与金融企业之间建立长期的良好关系，有利于金融企业的发展。

一、金融行业关系营销礼仪的基本要求

关系营销区别于传统营销模式，它致力于发展与客户的健康、持久的合作关系。其本质特征是企业与客户、企业与企业间的双向信息交流，是以企业与客户、企业与企业间的合作协同为基础的战略过程，是关系双方以互利互惠为目标的营销活动，是利用控制反馈的手段不断完善产品和服务的管理过程。基于此，关系营销礼仪的基本要求如下：

1. 尊重客户的选择

从某种程度上说，尊重客户体现为尊重客户的选择。一切良好客户关系的建立，无不以尊重为前提。

在营销活动中，尊重客户的选择具体表现为分析客户需求，采取相应营销服务时以客户的角度思考和处理问题，并建议客户根据其实际情况来选择适合的产品。如针对低端客户，可以推荐简单安全的金融产品；针对中端客户，可以建议他们选择投资、安全兼顾的产品；而针对高端客户，可以建议他们购买资金运作类的产品。

2. 密切与客户的关系

客户是企业生存和发展的基础。企业离开了客户，其营销活动就成了无源之水，无本之木。要想同客户建立并保持良好的关系，应从以下三个方面着手。

①必须真正树立以客户为中心的观念，并将此观念贯穿于企业生产经营的全过程。产品的开发应注重客户的需要，产品的定价应符合客户的心理预期，产品的销售应考虑客户的购买便利和偏好等，产品的售后应尊重客户的意见。企业的整个生产经营流程都遵守服务礼仪要求，真正体现客户至上的服务理念。

②切实关心客户利益，提高客户的满意程度，为客户提供高附加值的产品和服务。金融企业通过树立产品品牌、确保产品质量、提高服务水平，为客户创造最大的价值，使他们感觉到物超所值。而客户也会在体会到物超所值之后，给企业以相应的回报。

③重视情感在客户决策时的影响。虽然飞速发展的高新技术已使金融业从业者与客户之间沟通的机会减少，但客户还是喜欢并习惯当面交流、当面销售的服务方式，希望通过交流追求高技术与高情感间的平衡。因此，营销人员在服务中要关注客户的这种情感因素。

3. 有效地利用时间

营销人员在营销活动中的时间分配与工作重点，在传统营销活动与关系营销活动中是

不同的。在传统营销中，营销人员用于维护客户关系、评估客户需求、进行产品推介、结束营销服务四个环节的时间分配比率通常为1：2：3：4；而在关系营销中，营销人员在建立客户信任、评估客户需求、进行产品推介、结束营销服务四个环节的时间分配比率通常为4：3：2：1。由此可见，关系营销比传统营销更加侧重与客户良好关系的建立与维护，强调一切营销活动以建立信任为基础。

所以，关系营销更强调营销人员在服务初期主动积极地通过规范的行为、细致的服务、专业的知识、全面的资信，赢得客户的信任。营销人员应针对关系营销时间分配的特点及客户的不同需求，采取相应的服务礼仪，提供优质的营销服务。

4. 树立正确的营销理念

营销人员树立正确的营销理念，运用规范的、合乎礼仪的营销技巧是成功营销的保证。

在关系营销活动中，营销人员要站在客户的立场上帮助客户选择最适合他的服务或产品，而不是站在对立面上"卖"东西给对方；营销人员要能透过客户表面的需求而发现客户真正的潜在需求并提供针对性方案加以解决；营销人员还要能成为客户的朋友，做一个有"朋友味道的专家"。当然，这一切都有赖于营销礼仪的实施。

二、金融行业关系营销礼仪主要规范

如前所述，关系营销常常可以分为四个阶段：建立客户信任、评估客户需求、进行产品推介、结束营销服务。每个阶段，营销人员的礼仪规范都有不同的侧重点。

1. 建立客户信任

建立客户信任是销售成功的关键一步。其目的在于形成客户对营销人员的第一印象，赢得客户的信任。其工作重点是"建立与客户的亲密关系"，从而赢得进一步推销的可能。

（1）做好营销前的各项准备。以下几项准备，必须做好。

①形象准备。营销人员应根据企业的相关要求，遵守仪容仪表及服饰着装的相关规定，以一个专业的形象出现在客户面前。实践证明，营销人员的形象越体现行业特色，越突出金融企业的特点，越能赢得客户的欣赏。

②心理准备。营销人员在上岗前应调整好心态。营销是一项辛苦的工作，也是一项充满挑战的事业。客户拒绝也许是家常便饭，客户需求也是千差万别。营销人员在上岗前积极调整心态，既能认识到工作的难度、工作的挑战性，又能通过心理预演等各种手段来树立迎接挑战的信心及决心，这将有利于营销工作的开展。

③物质准备。营销人员应在上岗前准备好营业用的各种宣传单册、业务单证及其他辅助工具，保证各种工具数量充足、整齐有序并能正常使用。

（2）短期目标与长期目标相结合。营销人员与客户的关系，从陌生到认识、从认识到熟悉、从熟悉到欣赏、从欣赏到成为朋友，这是一个漫长的营销过程，也是营销人员需要努力的方向，更是营销人员与客户关系的长期目标。

营销人员在与客户接触中，迅速地塑造专业形象，运用技巧让客户在销售情景中感到舒服，并能无拘无束地与客户进行讨论，从而觉察和体谅客户的真正需求，赢得进一步推销的权利，这可以称之为营销人员与客户关系的短期目标。

显而易见，短期目标能给营销人员带来立竿见影的效果，而长期目标则是每个营销人员都渴望达到的境界。营销人员与客户之间构建一种长期的、良好的客户关系是非常有利的。通过赢得客户信任，让客户欣赏，进而让客户依赖，这样的客户关系还有什么产品不能推介呢？

（3）建立客户信任从构建友好关系开始。构建客户友好关系，营销人员有很多操作技巧，但其根本离不开一个"敬"字。

①营销人员应展现自信的形象。自信源于营销人员充足的准备，源于营销人员对产品的充分了解。自信的营销人员才能对客户展现自信，才能发自内心地微笑。同时，营销人员还应确保其打扮和情绪是符合工作状态的，并应确保周围的环境有利于工作的开展。

②营销人员要善于创造一种轻松的气氛。例如，让客户很舒服地就座，营销人员和客户之间的距离保持在一个理想的状态，尽可能不直面客户而采用和客户并排或斜坐式的姿势等等。气氛越轻松，环境越舒适，客户就越容易表达出自己的真正需求。

③营销人员在说话之前应先思考客户想听什么，寻找谈话的切入点。在客户说话时应注意聆听，并及时做出回应。频频点头、适时记录，常常会让客户感到备受尊重。

【案例6-5】

乔·吉拉德被誉为当代最伟大的推销员。回忆往事，他常提到下面一则故事。一次推销中，他和客户洽谈顺利，正当马上就要签约成交时，对方突然变了卦。当天晚上，按照客户留下的地址，乔·吉拉德找上门求教。客户见他满脸真诚，就实话实说："你的失败是你没有自始至终听我讲话。就在我准备签约前，我提到我的独生子即将上大学，并且提到他的运动成绩和他将来的抱负。我是以他为荣的，但是，你当时却没有任何反应，而且还转过头去用手机和别人通电话。"

案例分析：这一番话提醒了乔·吉拉德，使他领悟到了"听"的重要性，让他认识到如果不能自始至终地听对方谈话，认同客户的心理感受，就难免会失去自己的客户。这个小例子，让人们从另外一个角度认识到聆听客户谈话的重要性。

知识链接6-4

与客户建立互信的技巧

1. 有熟人引见，是与客户建立个人信任关系的捷径

虽然它对你销售的成功不一定起着决定性的作用，但确实缩短了双方从陌生到熟悉、信任的时间。所以，营销人员初次拜访的开场白中，告诉客户我是某某人（可以是对方的熟人、朋友、领导等等）介绍来的，的确可以起到意想不到的效果。

2. 反复拜访，让关系"跑出来"

尤其是同质化和标准化产品，当服务和价格也没有多大差别时，销售人员多次拜访，成功的可能性就大。但也要注意掌握频率，每次见面都有借口，每次拜访时要留下伏笔（下次拜访的借口）。

3. 销售人员的人品和为人应优秀

任何产品最终还是通过人来完成销售的，销售产品前先销售自己，以真诚对待客户，帮助客户解决问题；以得体的个人举止赢得客户好感；以敬业精神赢得客户尊重；可以保持沉默但一定不能说假话；不要轻易承诺，承诺了就一定要做到。这是成功销售人员的诀窍。

4. 小恩小惠赢得客户好感

不能否认与客户从陌生到熟悉再到信任的过程，吃饭喝酒或送点小礼品的确是加速这一过程的催化剂，在实际销售中这些活动也在所难免，这其实是加深客户对自己印象的手段，以便在众多竞争对手中"鹤立鸡群"。

5. 自信的态度消除客户的疑虑

营销人员的自信态度，在与客户初步接触阶段尤其重要。客户在询问关于公司或者产品的细节时，你所有的回答都必须充满自信，不能支支吾吾，否则会让客户感到有所怀疑而导致对你的不信任。如果你自己都显得底气不足，那如何去赢得客户的信任呢？

6. 以有效的沟通技巧，寻求共同语言

很多新入行的销售人员，都会遇到一个比较困惑的问题，就是和客户交谈时很难引起对方的共鸣，对方说的话总是有一搭没一搭，使你感觉很别扭，觉得和客户中间有堵墙似的。俗话说得好："不能同流，哪能交流；不能交流，哪能交心；不能交心，哪能交易"。虽然每个人的血型不一样，思维不一样，素质不一样，地位不一样，但人们都喜欢与自己有共同点的人交流。

2. 评估客户需求

在营销活动中，评估客户需求的目的在于理解和识别客户需求，确定营销工作的重点，提供相应的营销服务。

营销人员应常常思考下列问题：一是面前的客户有真正的需求吗？二是面前的客户对提供的产品感兴趣吗？三是客户准备买吗？四是客户愿意从营销人员那儿买吗？五是客户有能力买吗？

对以上五个方面问题的回答，可帮助营销人员识别客户、识别客户需求、识别营销机会。营销人员通过识别客户及营销机会，可明确工作重点，将时间和精力投入到可能成功的销售中，尤其在营销的早期阶段。

营销人员可通过与客户交流时的提问、聆听、确认和观察来获取信息，依据经验判断来评估这些信息，以此来识别销售机会并评估客户需求。

如果识别、评估之后发现并不是一个好的营销机会，客户并没有营销需求，营销人员可以迅速而不失礼貌地结束这次服务。这既节省了客户的时间，也可以集中精力更好地为有需求的客户服务。当然，营销人员也可以继续与客户沟通，并表达出希望与客户建立更加密切关系的意愿，为以后的营销工作打开方便之门。营销人员若是认为客户没有需求就表现出一种无所谓甚至是不恭敬的服务态度来，则势必招来客户的投诉。

由此可见，虽说评估客户需求的目的是识别客户需求，以便有针对性地服务，但营销人员对评估需求后的客户应一视同仁，不论有无需求，不论需求大小，坚持以礼相待，以诚相待。以恭敬的态度对待客户，常常能获得客户的认可，并激发客户的需求。

3. 进行产品推介

建立在客户信任、需求明确基础之上的产品推介，往往能收到较好的效果。营销人员在进行产品推介时，应该实事求是地描述产品的特性、产品与其他产品的差异、产品能为客户带来的利益，这些是向客户推介的关键。

对于营销人员而言，具体描述产品的特性、产品与其他产品的差异、产品能为客户带来的利益固然重要，但怎样描述有效，怎样描述客户能够接受，怎样描述能让客户觉得既专业又彬彬有礼，则是营销礼仪所关注的问题。

营销人员进行产品推介时应该注意以下几个方面：

（1）应了解客户在听取营销人员介绍之前更关注的是：谁在向他进行营销？营销人员的形象是否亲和？谈吐是否专业？业务是否娴熟？经验是否丰富？处理事务的权限有多大？所以，营销人员清晰、简短、自信的自我介绍是必要的。自我介绍应包括姓名、部门、岗位、职务这四个基本部分，若加上工作年限、对营销产品及服务的认识或者是回忆一下最近一次与客户交流的感受等，往往能很快地拉近与客户的距离。

（2）营销人员在滔滔不绝地推介之前，应确保已经清晰地识别了客户的需求。因为，营销人员在推介产品时，应该结合客户的需求及特点来推介，而不是做一个"复读机"，简单机械地复述产品或服务手册上的内容。

（3）营销人员应把握好说明、提问、回答的比例。只有营销人员单方面的推介，没有客户的提问，没有进一步的讨论，这样单向的信息交流是不会有好的营销结果的。

（4）适当地赞美客户，用客户的语言或态度给推介的产品"加分"，客户将在轻松愉快的环境中接受营销人员的推介。

产品推介，不是营销人员个人的表演，而是基于尊敬、理解基础之上的一种信息交流。营销人员应以此为工作要求，不断地完善产品推介的技巧，向客户提供更多、更好的服务。

4. 结束营销服务

不论营销结果如何，是遭到客户拒绝，还是客户接受产品推介，营销人员在营销服务的结束阶段都应给客户留下一个美好的印象。

通过前面三个环节的服务，营销人员对于客户的购买信号应注意识别，如客户在交谈时身体的姿势很积极，总是保持前倾；和营销人员沟通时面带微笑，并且目光专注；客户提的问题很全面而且专业，或者是对产品表达出一种希望拥有的愿望；等等。这时，营销人员应抓住机会，促成交易，完成营销。

当客户表示无意购买时，营销人员应抓住最后的营销时间，通过聆听更多地了解营销障碍，通过提问、确认以及对客户身体姿态等非语言线索的观察，确保已经真正懂得营销障碍是什么。当再一次营销努力无望时，对客户表示理解并对客户表示感谢，感谢客户给予的机会，以期构建一种长期和谐的客户关系。

现代金融企业与客户的关系，和其他许多行业一样，经历了三个"中心"的转变，即以企业为中心→以产品为中心→以客户为中心。关系营销作为金融营销的重要手段之一，致力于构建营销人员与客户的长期、互利、共赢的和谐关系，能帮助金融企业顺利地完成这一"中心"的转变。营销人员在对客户营销活动中表现出良好的职业形象、娴熟的职业技能、优秀的服务态度、优雅的礼仪规范，必将得到客户的认可，也必将为企业带来源源不断的利润。

？ 思考与训练6-4

以小组为单位，设计一份保险营销员与客户进行产品推介的案例，进行情景模拟训练。

第五节　金融行业网络营销礼仪

讲话气势汹汹，未必就是言之有理。

—— 萨迪

随着电子商务的发展，网络营销作为一种营销活动形式在企业整体营销战略中的地位越来越重要。这种重要性对于金融业而言尤为突出。

网络营销以电子信息技术为基础，以计算机网络为媒介和手段，进行各种营销活动（包括网络调研、网络新产品开发、网络促销、网络分销、网络服务等），利用互联网对产品的售前、售中和售后各环节进行跟踪服务，贯穿于企业开展网上经营的整个过程。

网络营销礼仪是指在网络营销活动中，营销人员以及客户应该遵守的行为规范，是人们在互联网上交往所需要遵循的礼貌、礼节。

网络上的信息传播比传统途径更加迅速、范围更广、影响面更大，因此，在网络营销中应该更加注意服务礼仪，以免引起客户的反感，造成不必要的损失。

一、金融网络营销的基本要求

整个网络之间的交往都是建立在公平、自由和自律的基础上的，因此网络营销必须遵守网络礼仪才能获得人们的信任，从而达到营销和宣传的目的。

网络营销礼仪的具体要求如下。

1. 提供真实可靠的信息

互联网时代是一个信息传播速度很快的时代，营销人员更应确保提供的信息真实可靠，未经确认的消息，不要随便传播；不能兑现的服务，则不能轻易承诺。真诚是任何一种服务礼仪的基本要求。

2. 高度重视客户

许多营销人员面对网络常常会产生一种误解，认为网络营销中，面对的不是一个个真实的客户，而是虚拟的客户，因而，在营销语言、形象、礼貌礼节方面对自身的要求就不如传统营销活动中那么重视。也正因为如此，营销效果才大打折扣。营销人员要重视各种类型的客户，不管客户是以何种形式出现。在网络营销中，营销人员要记住服务的对象不是一个个虚拟的客户，而是一个个活生生的人，当着客户的面不能说的话，不应该有的行为，在网络营销活动中也不应该出现。

3. 网上网下行为一致

网络活动中应遵守的道德和法律，与现实生活是相同的。因此，网络营销人员应以金融服务礼仪的相关行为准则来要求自身，做到网上网下行为一致。同时，由于网络的匿名性质，别人无法从外观上来判断网络营销人员的形象，营销人员的每一言、每一语，每一个留言及发帖，都将成为别人对其形象判断的依据。因此，网络营销人员注意自己的言行将有助于树立良好的网络形象。

4. 入乡随俗

社会交往讲究入乡随俗，网络交往同样注重此点。网络营销活动中，不同的站点、不同的营销对象都有不同的交流规则,所以在不同的场合,交流的方式和语气应该是有区别的。用客户能接受的方式与之交往,并遵守约定俗成的礼仪规范,这是网络营销礼仪的基本要求之一。

5. 尊重别人的时间与带宽

网络营销中,营销的方式不同,所使用的网络设备不同,客户的浏览习惯不同,与之相对应的网络营销服务就应有所不同。网络营销中,营销人员不能以自我为中心,应充分考虑别人在浏览信息时需要的时间和带宽资源,这也是尊重客户的表现。

6. 快捷地分享信息资源

相对于传统的营销方式,更快捷地分享产品信息,更大量地提供各类资源,更迅速地为客户服务,这是网络营销非常重要的特点。作为营销人员,掌握并熟悉其营销产品的相关资源及信息,有效、迅速地与客户共享资源,真正地为客户服务,将增强营销人员在客户心目中的好感,也将有助于提高客户对其所营销商品的兴趣,从而能有效地激起客户的购买欲望。通过网络营销、资源共享,建立良好的客户关系,将极大地帮助企业做好客户营销及服务工作。

7. 维护客户的隐私

网络营销活动中,尊重客户的隐私,既是网络营销礼仪的要求,也是网络营销人员的职业道德。营销人员尊重客户的隐私,不泄露客户个人信息,这不仅是在保障客户的合法利益,也是在维护自己的良好形象。

8. 网络营销符合规范

网络营销服务规范,体现在营销人员提供给客户信息的严谨性上。它具体要求文字要准确、内容要简洁、承诺要兑现,要切实做到客户至上,不能滥用网络权利。不能滥用网络权利,是指在网络营销活动中,相对于客户而言,营销人员掌握着更多的信息和权利,营销人员应该充分珍惜这些信息和权利,规范服务,为客户创造价值。

当然,网络营销礼仪的要求还有很多。一个营销人员若能将网络世界当成现实世界一样来对待,将传统营销中应遵守的礼仪规范运用到网络营销活动中,并注重网络营销服务的特点,网络营销活动是会得到客户的认可的。

> **知识链接 6-5**

《全国青少年网络文明公约》

要善于网上学习,不浏览不良信息。

要诚实友好交流,不侮辱欺诈他人。

要增强自护意识,不随意约会网友。

要维护网络安全,不破坏网络秩序。

要有益身心健康,不沉溺虚拟时空。

二、金融行业网络营销的主要规范

下面,我们从网络营销的具体操作来介绍网络营销规范。

1. 使用电子邮件

电子邮件因其传输速度快、成本较低而成为网络营销的重要工具。网络营销人员常常通过电子邮件列表等方式建立起营销数据库,进行有效的营销活动。

在实际操作中，应严格遵守如下电子邮件礼仪。

（1）网络营销人员在每一次寄信前，应检查收件人的邮件地址，确信邮件不会给收件人带来不便。

（2）网络营销人员应每天检查新邮件，并尽快回复。

（3）网络营销人员在回复信件时适当附上原文，往往能让收件人迅速明白邮件的主旨，节约客户的时间。

（4）网络营销人员撰写邮件时，应注意每一封信都要标明一个主题。主题要明确、清晰，并能准确说明信的内容。

（5）电子邮件要遵守商业信函的写作规范。尽量正确、简短地书写邮件，不要加入过多无谓的感情词语。邮件能清晰、准确表达即可。

（6）网络营销人员需要将邮件发往多个地址时，最好分别发送。

（7）不要不经对方同意就发送广告邮件，这样只会增强客户的反感。

（8）发送邮件时应注意不得发送涉及淫秽、暴力等非法内容。

（9）电子邮件在字体选择、邮件信纸背景选择上宜体现庄重、专业的风格，不宜使用卡通或漫画等风格的邮件回复或发送邮件。

2. 使用电子邮件列表

电子邮件列表，是企业进行网络营销和宣传的重要手段。目前有不少网站提供邮件列表服务，企业可根据需要建立邮件列表进行网络营销。

使用电子邮件列表时，应注意以下几点：

（1）使用邮件列表能增加客户数量，留住老客户，因此，网络营销人员在操作时，不能发送大量广告邮件，以免引起客户的反感。

（2）不要利用电子邮件搜索等方式收集和购买邮件地址发送广告邮件。

（3）不要发送全是广告的信件到客户的信箱。

（4）不要未经客户同意，擅自将客户的邮件地址加入到邮件列表。

（5）一旦发送了广告邮件，在发送的邮件中要提示客户如何快速取消订阅。

（6）如果必须发送邮件到客户的邮箱里，应标明道歉的词句，尽可能地避免客户的反感。

（7）发送较大的邮件要先进行压缩，以减少对客户信箱空间的占用。

3. 使用新闻组

新闻组，简单地说就是一个基于网络的计算机组合，这些计算机被称为新闻服务器。不同的客户通过一些软件可链接到新闻服务器上，阅读其他人的消息并可以参与讨论。新闻组是一个完全交互式的超级电子论坛，是任何一个网络用户都能进行相互交流的工具。网络营销人员使用新闻组，能及时了解客户需求，并迅速发布企业信息。

（1）网络营销人员在进入新闻组时应先阅读新闻组的 FAQ（常见问题解答）。

（2）网络营销人员首次参加一个新闻组时，应先观察一段时间，以便了解新闻组的主要内容，在未了解规则时，不要随意发表言论。

（3）网络营销人员在发言时应注意不要有过激词语。

（4）网络营销人员在发言时应检查自己的言论是否适合这个新闻组。

（5）网络营销人员在发表言论时应尽量附上联络方法，以示对自己的发言负责。

（6）网络营销人员在发表言论时，尽量不要跨组发表言论。

（7）网络营销人员在回应别人的言论时，不要只写几个字，如"我同意"等；也不要过多使用一些卡通图像。认真妥善地回复将体现网络营销人员对他人的尊敬及对参与讨论活动的认真与热情。

营销的最终目的是占有市场份额。由于互联网能够超越时间约束和空间限制进行信息交换，使得营销脱离时空限制进行交易变成可能，企业从而有了更多的时间和更大的空间进行营销活动。

金融营销人员应熟练地使用网络营销这一工具，在营销活动中遵守服务礼仪规范，通过提供信息以及与客户交互式交谈，与客户建立长期的、良好的关系，从而为企业创造效益。

思考与训练 6-5

以 3~5 人为一组，分别模拟银行营销人员和客户，由银行营销人员发一封电子邮件给客户，在电子邮件中介绍银行最近新推出的一个理财产品。小组成员可就邮件内容讨论本次网络营销是否规范？如需改进，该如何改进？

◉ 本章小结 ◉

金融营销，是指金融企业为适应和满足客户需求而进行的从金融市场调研、市场定位到金融产品的开发、定价、分销、促销，最终到意见反馈的整体活动过程。本章重点介绍了常见的金融营销方式，包括电话营销、接触营销、关系营销以及网络营销。在营销活动中，遵循礼仪规范，对满足客户需求，树立良好的企业形象、个人形象，妥善处理与客户的关系，增加企业的核心竞争力，促进营销工作的顺利开展，实现营销工作目标，取得良好的经济效益，都有十分重要的意义。

金融行业从业者应以礼仪作为基本素养，不断拓展人脉及客户资源；以营销技巧作为辅助工具，全面提升营销业绩。

◉ 本章复习题 ◉

一、简答题

1. 金融营销礼仪的基本要求是什么？
2. 金融行业电话营销礼仪的基本要求是什么？
3. 金融行业接触营销礼仪的基本要求是什么？
4. 简述金融行业接触营销的主要礼仪规范。
5. 简述金融行业关系营销的礼仪规范。
6. 简述金融行业网络营销礼仪的基本要求。

二、实训题

去一家商业银行实习，在大厅进行接待咨询工作。通过接待来银行办理业务的客户，掌握营销礼仪规范。

[实训要求]

按照银行的要求为前来办理业务的客户进行引导，帮助客户顺利办理业务，工作过程中时刻注意营销礼仪的应用。

[实训提示]

熟悉银行业务的工作流程，掌握银行礼仪的应用技巧。

主要参考文献

［1］胡静．实用礼仪教程［M］．武汉：武汉大学出版社，2003.

［2］王华．现代金融礼仪［M］．杭州：浙江大学出版社，2004.

［3］金正昆．服务礼仪教程［M］．北京：中国人民大学出版社，2005.

［4］金正昆．公关礼仪［M］．北京：北京大学出版社，2005.

［5］王华．金融职业礼仪［M］．北京：中国金融出版社，2006.

［6］何冯虚．银行客户服务技巧运用［M］．北京：高等教育出版社，2007.

［7］李荣建．现代服务礼仪［M］．武汉：武汉大学出版社，2007.

［8］李嘉珊．国际金融礼仪教程［M］．北京：中国人民大学出版社，2007.

［9］杨茬．礼仪师培训教程［M］．北京：人民交通出版社，2007.

［10］王鸿发，周芷梅．银行客户服务理念与方法：以案例说服务［M］．北京：经济管理出版社，2009.

［11］张琳．银行礼仪［M］．北京：中国金融出版社，2009.

［12］贾晓龙，李淑娟，王琦．金融职业礼仪规范［M］．北京：清华大学出版社，2009.

［13］周晓明，唐小飞．金融服务营销［M］．北京：机械工业出版社，2010.

［14］中国人寿保险股份有限公司教材编写委员会．职业形象与礼仪［M］．北京：中国金融出版社，2010.

［15］云晓晨．银行网点标准化服务培训［M］．北京：中国经济出版社，2013.